말맛이 살고 글맛이 좋아지는 어맛!

EBS 초등

신화★역사 어휘 맛집

글 홍옥 | 그림 신동민

EBS BOOKS

어원과 유래를 통해 어휘를 더 깊이 있게 알아요!

여러분은 '미봉책', '판도라의 상자' 같은 조금은 생소한 한자어나 외래어 표현을 만나면 어떻게 하나요? 대부분 뜻 정도만 알고 넘어갔을 거예요. 그래서 막상 실생활에서 활용하려고 하면 정확한 뜻이 기억나지 않고, 어떤 상황에서 써야 할지 몰라 난감했을 거예요. 사실, 낯선 어휘와 표현들을 배워서 잊어버리지 않고 잘 써먹으려면 그 말이 생겨난 역사가 무엇이고, 배경이 어떻게 되는지 찾아보는 게 중요해요. 특히 이야기가 숨어 있는 동서양 고사성어나 외래어를 공부할 때는 꼭 필요한 과정이지요.

어휘에는 그 말이 생겨난 어원이나 유래가 있어요. '어원'은 '어떤 말이 생겨난 근원'이고, '유래'는 '말이 생겨난 과정이나 내력'이에요. 그래서 어원과 유래를 알면 그 말이 어떻게 만들어졌고, 어떤 이야기를 담고 있는지 이해할 수 있어요. 어휘가 품고 있는 뜻과 상징하는 바를 자연스럽게 알게 될 뿐만 아니라 말이 생겨난 역사와 문화 등의 배경지식, 교훈과 지혜까지 배울 수 있답니다.

　우리가 일상에서 자주 쓰는 외래어 가운데는 라틴어나 신화에서 온 것들이 많아요. '라이벌'은 '개울'을 뜻하는 라틴어 '리부스(rivus)'에서 비롯되었어요. '멘토'는 그리스 신화에 등장하는 오디세우스의 친구인 '멘토르'에서 유래한 말이지요. 한자어 중에도 역사에서 유래한 '고사성어'가 꽤 있어요. 이런 말들은 배경이 되는 이야기를 알아야 의미를 제대로 파악할 수 있어요. 예를 들어, 선거나 경기에 과감하게 참가 의사를 밝힐 때 쓰는 '출사표를 던지다'는 중국 삼국 시대 때 제갈공명이 위나라를 치러 가기 전에 황제 유선에게 낸 글인 '출사표'에서 유래했어요.

　어휘 공부는 그 말이 어떻게 생겨났는지 근원을 알고, 뜻부터 활용하는 법까지 차근차근 배워야 비로소 사고력과 표현력까지 탄탄하게 기를 수 있어요. 특히 신화와 역사, 종교, 문화, 과학 등의 다양한 분야에서 파생된 고사성어나 외래어는 어원과 유래가 확실하기 때문에 재미있는 것은 물론 깊이 있게 배울 수 있어요. 어휘가 만들어진 배경이나 품고 있는 이야기에 관심을 가져 보세요. 여러분의 상식 또한 넓혀 줄 거예요.

3장 복작복작 관계의 맛

라이벌 나름…46
야누스의 실체…48
신데렐라의 파경…52
도플갱어일까?…54
엄마랑 냉전 중…58
재미있는 사다리 타기…63

1장 유레카! 발견의 맛

유레카! 내가 미남…10
방귀의 나비 효과…12
태풍의 눈 AI…16
천리안 엄마…18
다크호스의 단점…22
재미있는 사다리 타기…25

4장 헉! 위기의 맛

선물 마지노선…66
미궁의 진실…68
이판사판 피구…72
영이의 아킬레스건…74
주마등처럼…78
재미있는 사다리 타기…83

2장 과연 역사의 맛

장기 자랑 출사표…28
다식이의 미봉책…30
깍쟁이 터줏대감…34
세리의 역린…36
사이비를 만나면…40
재미있는 사다리 타기…43

5장 이게 바로 배움의 맛

추천 알고리즘…86
상아탑 있는 절…88
보람 있는 상…92
스팸의 패러다임…94
인생은 아모르파티…98
재미있는 사다리 타기…101

6장 무궁무진 예술의 맛

인기 아이콘…104
천의무봉의 비밀…106
패러디 명화…110
아마추어 연극에서…112
엄청난 카메오…116
재미있는 사다리 타기…119

9장 오히려 좋아 희망의 맛

판도라의 앨범…158
유토피아일까?…160
영이의 좌우명…164
노익장의 힘…166
친환경 청사진…170
재미있는 사다리 타기…173

7장 갈팡질팡 마음의 맛

피그말리온 효과…122
목욕탕의 딜레마…124
번아웃이 온 이유…128
이상한 징크스…130
괜한 기우…134
재미있는 사다리 타기…137

10장 아하! 깨달음의 맛

미다스의 손 세리…176
높은 엥겔 계수…178
철부지 때 나무…182
재미있는 사다리 타기…185

★ 어휘 찾아보기…186

8장 끄덕끄덕 지혜의 맛

엄마의 카리스마…140
머피의 법칙…142
겸이와 레드 카펫…146
명작과 퇴고…148
닭싸움 승부수…152
재미있는 사다리 타기…155

EBS 초등 어맛! 시리즈는?

어휘력이 좋으면 공부가 재미있어지고, 말솜씨와 글솜씨 모두 좋아져요.
〈EBS 초등 어맛 시리즈〉는 재미있는 어휘 뜻풀이와 문장 활용을 통해
어린이들의 표현력과 문장력을 길러 줄 거예요.
맛있는 음식을 먹고 기분이 좋아지는 것처럼, 다양한 어휘와 표현을 맛보면서
풍요로운 언어생활을 즐겨 보세요.

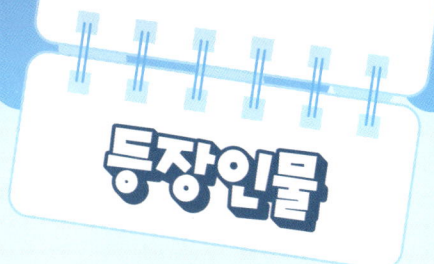

등장인물

다식이
온라인 및 너튜브 지식을 맹신하는 남학생. 귀가 얇다. 가짜 뉴스를 진짜로 믿을 때가 많아서 세리가 한심해한다.

겸이
5학년 남학생. 외향적인 E형으로 주변 사람들한테 관심도 많다. 하지만 공부에는 관심이 별로 없다. 이것저것 꿈이 많으며, 때때로 기발한 사업 아이템을 생각해 낸다.

두냥이
다식이가 키우는 반려 고양이. 똑똑한 앵무를 경계할 때가 있다.

앵무
겸이와 영이네 반려 앵무새. 사람 말을 곧잘 따라 한다. 대답할 때나 할 말이 없을 때 '앵~'이란 말을 자주 한다.

영이
3학년. 겸이 여동생. 권투를 좋아하는 어린이. 오빠를 무시하는 반면 송이를 동경한다.

세리
목욕탕집 딸. 배경지식이 많고 논리적이다. 엄마의 목욕탕 물려받으라는 성화에 스트레스가 있는 편. 글쓰기를 제법 잘한다.

송이
겸이와 세리 친구. 소심하고 수줍음이 많다. 자연과 명상, 다도를 좋아하는가 하면 체육 시간에는 우승 욕심에 눈빛이 돌변한다. 운동도 잘하고, 썰렁한 개그도 잘한다.

유레카! 내가 미남

 이런 뜻이 있어요

유레카 (eureka)
새로운 것을 발견하거나 깨달음 등을 얻었을 때 놀람·기쁨·만족감 따위를 큰 소리로 외치는 것.

기원전 200년경, 왕관이 순금인지 알아 오라는 왕의 명령을 받은 수학자 아르키메데스는 목욕탕에 들어갔다가 물이 흘러넘치는 것을 보고 부력의 원리를 깨달았어요. 너무 기쁜 나머지 "유레카!"라고 외쳤는데, 이후 '발견의 순간'을 표현할 때 이 말을 쓰게 되었어요. '유레카'는 고대 그리스어로 '찾았다', '알았다'의 뜻이에요.

 "유레카! 수학 문제의 정답을 찾아냈어!"

콜럼버스의 달걀 (Egg of Columbus)
사소하지만, 쉽게 떠올릴 수 없는 과감한 생각을 해냈을 때를 표현한 말.

1449년, 신대륙 아메리카를 발견하고 돌아온 콜럼버스를 두고 별거 아니라며 깎아내리는 사람들이 있었어요. 콜럼버스는 그 사람들에게 달걀을 주며 세워 보라고 했어요. 아무도 세우지 못하자, 콜럼버스는 달걀을 깨뜨려서 세웠어요. 알고 보면 쉬워 보이는 일이더라도 처음에 새로 시작하는 건 아무나 하지 못한다는 걸 증명한 거예요.

 "고속도로 색깔 유도선이야말로 콜럼버스의 달걀 같은 거야."

방귀의 나비 효과

나비 효과 (Butterfly effect)
나비의 날갯짓 같은 사소한 사건이 후에 예상치 못한 엄청난 결과로 이어지게 된다는 이론.

미국의 수학자이자 기상학자인 에드워드 로렌츠는 기상 변화를 예측하던 중 초깃값의 아주 작은 차이가 완전히 다른 기후 패턴을 만든다는 사실을 알아냈어요. '작은 변화가 커다란 변화를 일으킬 수 있다'는 과학 이론을 토대로 생겨난 '나비 효과'는 사회 현상을 설명할 때도 자주 쓰여요.

"인도양의 이상 기류가 나비 효과를 일으켜 엄청난 태풍이 발생했어."

카오스 (chaos)
우주가 발생하기 이전의 어지럽고 질서가 없는 상태를 이르는 말.

옛날 그리스인들은 무질서하고 텅 빈 공간인 '카오스'로부터 모든 것이 생겨났다고 믿었어요. 이 혼돈 상태에서 이후 '질서와 조화가 있는 우주'인 '코스모스'가 만들어진다고 생각했지요. 과학에서 '카오스 이론'은 '겉으로 보기에 불안정하고 불규칙한 상태에서 나름의 규칙과 질서를 찾아 설명하려는 것'이에요.

"태초의 우주는 혼돈 가득한 카오스 세계였어."

프로메테우스의 ☐

인간의 문명을 시작하게 해 준 결정적인 것을 이르는 말.

　그리스 신화에 나오는 티탄족의 프로메테우스는 신만이 쓸 수 있는 불을 훔쳐서 인간에게 가져다주었어요. 인간에게는 새로운 문명을 준 은인이었지만, 신들의 왕인 제우스의 노여움을 사서 바위에 꽁꽁 묶인 채 독수리에게 간을 쪼이는 벌을 받게 되었어요.

 "인공 지능은 프로메테우스의 불이나 다름없어."

금단의 ☐ ☐

(금할 禁 + 끊을 斷)

위험해서 가질 수 없지만 그래서 더욱 가지고 싶은 것을 이르는 말.

《성경》에는 하나님이 아담과 하와에게 선악과나무의 열매를 먹지 말라고 했지만, 두 사람이 뱀의 유혹에 넘어가서 선악과를 먹고 말았다는 이야기가 나와요. 하나님과의 약속을 어긴 아담과 하와는 에덴동산에서 쫓겨났어요. '욕심을 내면 안 되는 것'을 가리켜 '금단의 열매'라고 부른답니다.

  "비만인에게 초콜릿은 금단의 열매와도 같아."

태풍의 눈 AI

 이런 뜻이 있어요

태풍의 눈 (태풍 颱 + 바람 風)
어떤 사물이나 사건에 큰 영향을 주는 근본이 되는 것을 이르는 말.

비슷한 표현 ▶ 태풍안(颱風眼)

'태풍'은 강력한 비바람을 몰고 오는 '열대성 저기압'이에요. 그런데 중심부는 원심력이 작용하여 하늘이 맑고 바람이 잠잠해요. 이를 두고 '태풍의 눈'이라고 하는데, '어떤 사건에 영향을 주는 바탕'을 말해요. 또 '당장은 잠잠하지만, 언제 큰 변화가 생길지 모르는 무시무시한 상황'을 가리키는 표현으로도 쓰여요.

 "이번 4강 경기는 결승을 향한 태풍의 눈이 될 거야."

찻잔 속의 태풍 (태풍 颱 + 바람 風)
당사자에게는 아주 큰 일처럼 보이나 실제로는 영향이 거의 없을 때를 이르는 말.

어떤 사건이 태풍처럼 아주 큰 영향을 줄 것으로 기대하지만, 실제로는 세력이 약해서 별 영향을 미치지 못할 때 '찻잔 속의 태풍'으로 비유해요. 찻잔 속에서 이는 소용돌이는 금세 잠잠해지죠. 이 말은 영어 속담 'a storm in a teacup'에서 유래했어요.

 "여야의 싸움은 찻잔 속의 태풍에 불과해."

 이런 뜻이 있어요

천리안 (일천 千 + 마을 里 + 눈 眼)
사물을 꿰뚫어 볼 수 있는 뛰어난 관찰력을 비유적으로 이르는 말.

'천리안'은 '천 리 밖을 내다볼 수 있는 눈'이란 뜻으로, 여기에서 천 리는 약 392km 정도 돼요. 아주 먼 곳에서 일어나는 일을 알아낼 정도로 관찰력이 좋거나 어떤 일을 꿰뚫어 보는 능력이 좋다는 의미이지요.

 "우리 엄마는 천리안을 가지고 있는 게 분명해."

오라 (aura)
사람의 몸이나 물체를 에워싼 신령스러운 기운이나 고유한 분위기를 이르는 말.

잘못된 표현 ▶ 아우라

라틴어로 '기운', '바람'이란 뜻이 있는 '오라'는 여러 가지 의미로 쓰여요. 종교에서는 부처나 천사의 몸 뒤에서 내비치는 빛인 '후광'을 뜻하고, 예술에서는 '작품에서 느껴지는 고상하고 독특한 분위기나 품격'을 말해요. 흔히 '아우라'라고 잘못 쓰는 경우가 많은데, 바른 표기는 '오라'예요.

 "그 배우는 언뜻 봐도 오라가 느껴지더라."

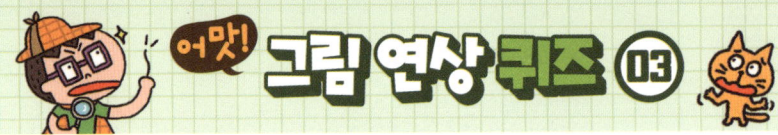

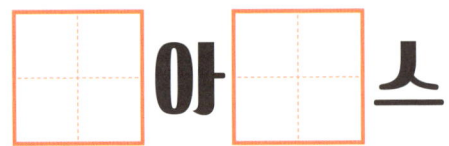

위안이 되는 사물이나 장소를 비유적으로 이르는 말.

　'오아시스(oasis)'는 본래 '사막 한가운데에 샘이 솟고 풀과 나무가 자라는 곳'을 뜻해요. 사막 사람들은 보통 이곳에서 농사를 짓고 가정과 마을을 이루고 살아요. '마음으로 편안하게 생각되는 장소나 사물'을 빗대어서도 '오아시스'라고 한답니다.

  "아이돌 그룹의 노래는 공부에 찌든 내게 오아시스야."

   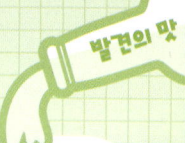

신 ☐ ☐

(대합조개 蜃 + 기운 氣 + 다락 樓)

아무런 근거가 없는 사물이나 생각을 가리키는 말.

'신기루'는 본래 '공기 중에 빛이 굴절되어 공중이나 땅 위에 뭔가 있는 것처럼 보이는 현상'을 말해요. 실제로는 없기 때문에 '가공의 사물이나 헛된 생각'을 비유하게 되었어요. 또한 '홀연히 나타났다가 금세 사라지는 아름답고 환상적인 현상'을 말하기도 해요.

비슷한 표현 공중누각(空中樓閣)

  "그 정치인의 명성은 신기루 같은 허상이었어."

다크호스 (Dark horse)
실력은 알 수 없으나 뜻밖의 결과를 가져올지도 모르는 사람이나 경쟁 상대를 이르는 말.

비슷한 표현 복병(伏兵), 변수(變數)

'다크호스'는 경마에서 '역량이 알려지지 않았지만, 경주에서 우승한 말'을 뜻했어요. 이 말이 점차 '선거나 경기 등에서 아직 잘 알려지지 않았으나 뜻밖의 변수로 작용할 유력한 경쟁자'의 의미로 쓰이게 되었지요.

"알고 보니 송이가 축구 시합의 다크호스였구나!"

완벽 (완전할 完 + 둥근 옥 璧)
흠이나 부족함이 없이 완전함을 이르는 말.

'완벽'은 '흠이 없는 구슬'이란 뜻이에요. 중국 전국 시대 때, 진나라의 소양왕은 조나라의 보물인 옥구슬이 탐나서 자기네 15개 성과 바꾸자고 했어요. 조나라의 신하 인상여는 이 말이 거짓임을 간파하여 목숨을 걸고 구슬을 도로 찾아왔는데, 여기에서 '완벽귀조(完璧歸趙)'란 말이 유래되었어요. 오늘날은 '완벽'이란 말을 더 많이 써요.

"세리는 모든 일에 완벽을 추구하는 사람이야."

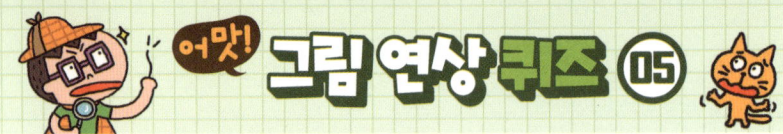

□□□시장

(시장 市 + 마당 場)

많은 사람이 모여 여러 종류의 물건을 무질서하게 사고파는 시끄럽고 어수선한 시장.

1980년대 골목 시장이 단속반한테 쫓기고 나타나기를 반복하는 모습이 마치 도깨비 같다고 해서 생겨난 말이에요. 비슷한 말에 '도떼기시장'이 있는데, 여기에서 '도떼기'란 '물건을 나누지 않고 한데 합쳐 흥정하거나 사고파는 일'을 말해요.

비슷한 표현 도떼기시장

"불꽃놀이 인파로 여의도는 도깨비시장이 따로 없더라."

재미있는 사다리 타기

※ 사다리를 타고 내려가 어울리는 표현의 번호를 찾아 쓰세요.

 불야성

 화수분

 망라

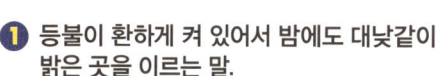

① 등불이 환하게 켜 있어서 밤에도 대낮같이 밝은 곳을 이르는 말.
예문! 야경이 멋진 경주의 밤은 그야말로 불야성이다.

② 재물이 계속 나오는 보물단지.
예문! 그 애는 매력이 넘치는 화수분이야.

③ '물고기나 새를 잡는 그물'이라는 뜻으로, 널리 받아들여 모두 포함함을 이르는 말.
예문! 이게 바로 예상 문제를 망라한 비법서야.

장기 자랑 출사표

출사표 (날 出 + 스승 師 + 겉 表)
전쟁에 나가기 전에 그 뜻을 적어 임금에게 올리던 글.

'출사표'는 '군사를 이끌고 싸움터에 나가기 전에 올리던 글'이에요. 중국 삼국 시대 때 촉나라의 재상 제갈공명이 위나라를 치러 나가기 전에 황제 유선에게 바친 글에서 유래했어요. 오늘날은 경기나 경쟁, 선거 등에 나서겠다는 의사를 밝힐 때 '출사표를 던지다'라는 표현을 써요.

"회장 선거에 출사표를 던진 후보가 몇이나 되지?"

스파르타 교육 (Sparta + 가르칠 教 + 기를 育)
고대 스파르타에서 행하던 군대처럼 엄격하고 규칙적인 교육의 방법을 이르는 말.

고대 그리스에 있던 도시 국가 중 하나인 스파르타는 강한 나라를 만들고자 했어요. 그래서 시민들의 행동과 교육, 결혼과 일상생활까지 나라에서 엄격한 규율을 통해 군대처럼 관리했어요. 약하게 태어난 아이는 들판에 버렸고, 남자아이는 7세가 되면 공공 교육장에서 검술, 승마 등의 교육을 받으며 군인으로 길러졌어요. 여자아이도 출산과 양육뿐만 아니라 남편이 전쟁에 나갔을 때를 대비해 훈련을 받았어요.

"이제부터 스파르타 교육이 뭔지 제대로 보여 주마."

 이런 뜻이 있어요

분서갱유 (불사를 焚 + 글 書 + 구덩이 坑 + 선비 儒)
학자들의 정치적 비판을 막기 위해 책을 불태우고 학자들을 구덩이에 산 채로 묻는다는 뜻.

중국을 통일한 진나라의 시황제는 강력한 통치를 원했어요. 자신을 거스르거나 반대하는 세력을 막아야 했지요. 그래서 농업, 의약, 점복 등에 관한 실용적인 책을 제외한 모든 책을 불사르고, 이후 전국의 유학자들을 잡아들여 산 채로 구덩이에 묻었어요. 오늘날 '학문과 언론에 대한 탄압'을 상징하는 의미로 쓰여요.

 "분서갱유의 어두운 시기를 거쳐 학문을 발전시켰어!"

미봉책 (두루 彌 + 꿰맬 縫 + 꾀 策)
잘못된 일을 근본적으로 해결하지 못하고 부분적으로만 임시로 해결하는 눈가림 대책.

중국 춘추 시대 때, 주나라의 환왕이 정나라에 쳐들어갔어요. 정나라의 장공은 군사를 촘촘하게 메우는 전술로 주나라를 물리쳤어요. 본래 '미봉책'은 '바느질하듯 두루 꿰매어 빈 곳을 메우는 꾀'라는 뜻이었지만, 오늘날은 '일을 대충대충 끝내려는 잔꾀'를 나타내는 말로 바뀌어 쓰이고 있어요.

 "눈 가리고 아웅 하는 미봉책으로는 문제를 해결 못 해."

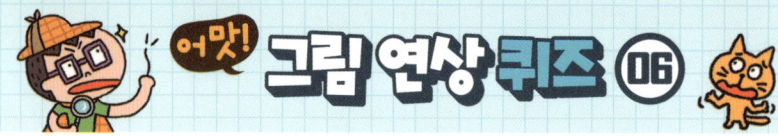

⬜흥⬜사

(다 咸 + 일어날 興 + 어그러질 差 + 부릴 使)

심부름 간 사람이 오지 않거나 소식이 좀처럼 없음을 이르는 말.

   조선을 세운 태조 이성계는 이방원이 형제들을 죽이고 임금이 되자, 화가 나서 고향 함흥으로 가서 지냈어요. 태종 이방원은 아버지를 궁으로 모시기 위해 함흥에 차사를 보냈지만, 이성계는 이들을 번번이 죽여 버렸어요. 이후 사람들은 '심부름 가서 소식이 아예 없거나 늦는 사람'을 가리켜 '함흥차사'라고 했어요.

"올 때가 지났는데 아직도 **함흥차사**일세."

어맛! 그림 연상 퀴즈 07

구☐일☐

(아홉 九 + 소 牛 + 하나 一 + 털 毛)

'아홉 마리의 소 가운데 박힌 한 개의 털'이란 뜻으로, 매우 많은 것 가운데 극히 적은 수.

한나라 무제 때 장수 이릉이 흉노족에게 항복하자, 무제는 크게 화를 냈어요. 이때 사마천이 이릉을 변호하다가 덩달아 옥에 갇혔지요. 사마천은 친구에게 "내가 죽어도 아홉 마리 소 중에서 털 하나 빠진 것과 같다."라는 표현을 썼는데, 여기에서 '구우일모'가 유래됐어요. 비슷한 말로는 '넓고 큰 바닷속의 좁쌀 한 알'이란 뜻의 '창해일속'이 있어요. 요즘은 '하찮고 보잘것없음'을 표현하는 말로 종종 쓰여요.

비슷한 표현 ▶ 창해일속(滄海一粟)

"그 사람이 저지른 잘못은 **구우일모**에 지나지 않아."

33

터줏대감 (주인 主 + 큰 大 + 볼 監)
한 지역에서 오래 살았거나, 어떤 집단의 구성원 가운데 가장 오래된 사람.

옛날에는 집마다 집터를 지키는 신인 '터주'가 있다고 믿었어요. 이를 높여 '터줏대감' 또는 '지신대감'이라 불렀지요. 여기에서 유래하여 '마을이나 어떤 집단의 구성원으로 가장 오래 머무르고 있는 사람'을 '터줏대감'이라고 해요.

"내가 이 동네 터줏대감이라고 할 수 있지."

깍쟁이
자신의 이익만 생각하며, 남을 위해 자기 것을 내놓지 않는 사람.

'깍쟁이'는 '까다롭고 인색한 사람', '약삭빠른 사람'을 가리켜요. 조선 초기 한양에는 죄를 짓고 그 벌로 얼굴에 흉터가 새겨진 '깍정이'라 불리는 사람들이 청계천 근처에 모여 살았어요. 이들은 구걸하거나 장례를 치를 때 무덤의 악귀를 쫓아내는 일을 했는데, 이때 상주를 협박해 돈을 뜯어내는 일이 많았다고 해요. 이렇게 이기적인 사람을 가리켜 '깍정이'라고 하다가 점차 '깍쟁이'로 굳어졌어요.

"세리는 자기한테 손해가 되는 일은 절대 하지 않는 깍쟁이야."

 이런 뜻이 있어요

역린 (거스를 逆 + 비늘 鱗)
임금의 노여움을 이르는 말.

'역린'은 '용의 턱밑에 거슬러 난 비늘'이에요. 이를 건드리면 용이 크게 분노하여 건드린 사람을 죽인다는 전설이 있어요. 즉, 왕이나 지배자의 약점을 건드리면 노여움을 일으키게 되니, 신하나 아랫사람은 조심하라는 의미를 담고 있어요. 오늘날은 '어떤 사람이나 물건에 대해 민감한 주제를 건드리는 것'에도 이 말을 써요.

 "넌 지금 나의 역린을 건드린 거야."

면벌부 (면할 免 + 벌줄 罰 + 부신 符)
어떤 책임이나 죄를 없애 주는 일을 비유적으로 이르는 말.

비슷한 표현 면죄부(免罪符)

중세에 로마 가톨릭교회에서는 재물이나 돈을 바친 사람에게 죄를 용서하고 벌을 면제해 준다는 증서인 '면벌부'를 써 줬어요. 이러한 교회의 면벌부 판매는 훗날 루터가 종교 개혁을 주장하는 계기가 되었어요. 예전에는 '죄를 면해 주다'의 뜻으로 '면죄부'를 썼는데, 최근에는 '벌을 면해 주다'의 '면벌부'를 쓰는 추세예요.

 "사장의 아들이란 이유로 면벌부를 받을 순 없어."

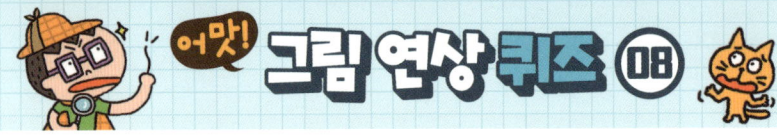

☐☐ 사냥

(마귀 魔 + 여자 女)

어떤 사람에게 죄를 뒤집어씌우는 것을 비유적으로 이르는 말.

14세기~17세기에 유럽에서는 종교의 교리에 어긋나는 사람을 마녀나 악마로 몰아서 불태워 죽이는 일이 많았어요. 권력자들이 자신의 힘을 지키기 위한 수단으로 사용한 거예요. 오늘날은 '다수의 집단이 개인이나 특정 집단을 탄압하거나 여론을 한쪽으로 몰고 가는 행위'를 가리키는 사회 용어로도 쓰여요.

비슷한 표현 ▶ 마녀재판(魔女裁判)

 "가짜 뉴스 때문에 **마녀사냥**을 당했어."

☐ 수진

(등 背 + 물 水 + 진칠 陣)

어떤 일을 하는 데 더는 물러날 수 없다는 각오와 태도를 비유적으로 이르는 말.

'배수진'은 본래 '강이나 바다를 등지고 치는 진'을 가리켜요. 중국 한나라의 한신은 초나라와 싸울 때 강을 등지고 진을 쳐서 병사들이 물러서지 못하게 했어요. 병사들은 죽을힘을 다해 싸웠고, 마침내 초나라를 물리쳤답니다. '온갖 어려움을 무릅쓰고 일을 이루려고 하는 경우'를 가리켜 쓰는 말이지요.

"우리 모두 배수진을 친 심정으로 나라를 살리기 위해 애썼다."

사이비를 만나면

이런 뜻이 있어요

사이비 (같을 似 + 말이을 而 + 아닐 非)
겉으로는 비슷하나 속은 완전히 다른 가짜.

비슷한 표현 ▶ 사시이비(似是而非)

어느 날, 맹자에게 제자가 찾아와 "모든 이가 훌륭하다는 사람을 어째서 '덕의 도둑'이라고 하십니까?"라고 물었어요. 그러자 맹자는 공자가 말한 "나는 같고도 아닌 것(사이비)을 미워한다."란 말을 인용하며, "얼핏 군자로 보이는 사람은 자신의 삶에 만족하는 것일 뿐, 성인의 도를 행할 수 없다."라고 했어요. 여기에서 나온 말이 '사이비'예요.

"너 사이비 종교에 빠진 것 같은데!"

흥청망청
흥에 겨워 마음대로 즐기는 모양.

비슷한 표현 ▶ 흔전만전

매우 즐거워서 마음껏 노는 모양을 가리키는 '흥청망청'은 '돈이나 물건 등을 마구 쓰는 모양'을 뜻하기도 해요. 조선 시대 춤과 노래를 잘하는 기생을 '흥청'이라 불렀어요. 조선의 제10대 왕 연산군은 이 흥청들과 날마다 놀았어요. 백성들은 '연산군이 흥청과 놀아나 나라가 망한다'란 뜻으로 '흥청망청'이란 말을 쓰게 되었어요.

"날마다 흥청망청 돈을 쓰고 놀면 어쩌자는 거니."

트로이 ☐☐

실제로는 적의 속임수지만, 겉으로는 선물처럼 보이는 것을 가리키는 말.

기원전 12세기, 트로이의 왕자가 스파르타의 왕비 헬레네를 납치했어요. 그리스 연합군이 공격했지만, 트로이 성이 뚫리지 않았어요. 연합군은 철수하는 척, 신의 선물이라며 성 앞에 거대한 목마를 갖다 놓았어요. 트로이인들이 승리를 기뻐하며 목마를 성안에 들여놓자, 안에서 연합군이 나와 성을 함락했어요. '트로이 목마(Trojan horse)'는 '적진에 침입한 스파이', '컴퓨터에서 정상적인 코드로 위장한 악성 코드'를 가리키기도 해요.

  "피구에서 어이없이 지다니, 너 **트로이 목마** 아니야?"

재미있는 사다리 타기

※ 사다리를 타고 내려가 어울리는 표현의 번호를 찾아 쓰세요.

 오비이락

 불로장생

 난장판

① '아무런 관련 없는 일이 같이 일어나 괜한 오해를 받게 된다'라는 뜻이에요.
   맞! 오비이락을 가리키는 속담이 '까마귀 날자 배 떨어진다'야.

② '늙지 않고 죽지 않는 삶을 추구한다'는 의미예요.
   맞! 진시황은 불로장생을 꿈꾸며 불로초를 찾아 헤맸어.

③ 여러 사람이 이리저리 뒤섞여 뒤죽박죽된 곳.
   맞! 난장판은 조선 시대 과거 시험장이 엉망진창이 된 모습에서 유래했어.

난 쓴 것도 잘 먹지. 불로장생을 꿈꾸며!

우아, 저 언니 멋져.

이런 **뜻**이 있어요

라이벌 (rival)
같은 목적을 가졌거나 같은 분야에서 서로 경쟁하는 관계.
또는 그런 사람.

'라이벌'은 '같은 분야에서 서로 이기거나 앞서려고 겨루는 경쟁자'를 말해요. 이 말은 '개울'을 뜻하는 라틴어의 '리부스(rivus)'에서 비롯되었어요. 옛날에는 강을 사이에 두고 서로 물을 쓰려고 싸움을 벌이는 일이 많았어요. 반대편 개울의 사람이 경쟁자인 데서 이 말이 유래한 거예요.

"송이는 나의 개그 **라이벌**이야."

용호상박 (용 龍 + 범 虎 + 서로 相 + 칠 搏)
용과 범이 서로 싸운다는 뜻으로, 강자끼리의 싸움을 이르는 말.

비슷한 표현 양웅상쟁(兩雄相爭)

'용호상박'은 중국 삼국 시대 때 조조와 마초의 대결에서 유래했어요. 용은 꾀가 많은 조조를, 범은 용맹한 마초 장군을 가리켰어요. 둘 다 막상막하라 승부가 좀처럼 나지 않았지만, 막판에 조조가 낸 꾀에 마초가 넘어가고 말았어요. 비슷한 말에는 '두 수컷이 서로 다툼'을 뜻하는 '양웅상쟁'이 있어요.

"두 선수의 싸움은 그야말로 **용호상박**이었어."

이런 뜻이 있어요

선한 사마리아인 법 (The good Samaritan law)
자신에게 위험이 일어나지 않음에도 곤경에 처한 사람을 구해 주지 않는 행위를 처벌하는 법.

비슷한 표현 ▶ 착한 사마리아인 법

옛날에 길 가던 유대인이 강도를 만나 쓰러지자, 다른 사람들은 외면했는데 사마리아 사람이 정성껏 치료해 주었어요. 이 이야기를 바탕으로 어려움에 빠진 사람을 도덕적으로 구조해야 한다는 내용의 법으로 생겨났고, '선한 사마리아인 법'이라고 불리게 되었어요. 응급 상황이 생겼을 때 일반인들이 적극적으로 도움의 손길을 내밀자는 취지예요.

"우리나라에선 선한 사마리아인 법 적용이 가능할까?"

야누스 (Janus)
로마 신화에 나오는 두 얼굴을 가진 신으로, 전쟁과 평화, 시작과 끝 등을 상징함.

'야누스'는 성이나 집의 문을 수호하는 로마 신화에 나오는 신이에요. 앞뒤로 다른 얼굴을 가지고 있어서 '처음과 끝', '시작과 변화' 등 대립하는 의미를 상징해요. 본래는 긍정적인 의미였으나 현대로 오면서, '겉과 속이 다른 사람'을 가리켜 '야누스의 얼굴'이라고 표현하곤 해요. 다양한 연기를 펼치는 배우에게 칭찬의 의미로 쓰기도 하지요.

"연기 변신을 잘하는 그는 야누스의 얼굴을 가지고 있지."

뫼비우스의 ☐

면의 안과 밖의 구분이 없는 띠로, 무한의 굴레를 상징함.

　직사각형 종이를 한번 비틀어 양 끝을 맞붙여 보세요. 그러면 어느 쪽이 안쪽이고 바깥쪽인지 모르는 상태가 돼요. 이를 가리켜 '뫼비우스의 띠(Möbius strip)'라고 하는데, 독일 수학자인 '뫼비우스'의 이름을 딴 거예요. 이 말은 시작과 끝을 모르는 '무한의 세계'를 의미하기도 하고, 빠져나올 수 없는 '무한의 굴레'를 상징하기도 해요.

  "인생은 슬픔과 기쁨이 반복되는 뫼비우스의 띠 같아."

□□ 효과

(지질 烙 + 도장 印 + 본받을 效 + 열매 果)

한번 부정적인 사람으로 찍히면 실제로도 그렇게 되는 현상.

'낙인'은 '쇠를 불에 달구어 찍는 불도장'이에요. 주로 가축한테 자신의 소유라고 새기는 표시로, 죄인에게는 형벌의 의미로 찍었어요. 한번 찍히면 좀처럼 없앨 수 없지요. '낙인 효과'는 '한번 부정적인 사람으로 인식되면 주변의 편견과 고정 관념을 받게 되어서 실제로도 나쁘게 행동하게 되는 현상'을 말해요.

비슷한 표현 ▶ 스티그마 효과(Stigma effect)

"사람을 나쁘게 몰아가면 낙인 효과로 비뚤어진다니까."

신데렐라의 파경

신데렐라 콤플렉스 (Cinderella complex)
자신의 인생을 화려하게 바꾸어 줄 상대를 만나 보호받고 의존하고 싶어 하는 심리 상태.

이 말은 새엄마와 언니들의 구박을 받던 신데렐라가 왕자를 만나 행복하게 살게 되었다는 내용의 동화 《신데렐라》에서 유래됐어요. 스스로 자신의 삶을 책임지고 살아갈 생각 없이, 능력이 있는 사람이 나타나서 삶을 180도로 바꾸어 주길 바라는 의존 심리예요. 미국의 작가 콜레트 다울링이 《신데렐라 콤플렉스》란 책에서 처음 이 용어를 썼어요.

"요즘도 신데렐라 콤플렉스에 빠진 사람들이 있어?"

파경 (깨뜨릴 破 + 겨울 鏡)
부부가 헤어짐을 비유적으로 이르는 말.

'파경'은 '깨어진 거울'이란 뜻이에요. 옛날 중국 남진에 살던 서언덕은 전쟁 때 거울을 깨뜨려 아내와 반쪽씩 나눠 가졌어요. 전쟁이 끝나자, 서언덕은 아내가 수나라 양소의 집에서 산다는 소식을 듣고는 깨진 거울을 보냈어요. 양소는 서언덕의 아내를 돌려보냈고, 둘은 다시 같이 살게 되었어요. 이후 '파경'은 '부부가 헤어짐'을 의미하게 되었어요.

"그 연예인 부부는 불미스러운 일로 파경에 이르렀어."

이런 뜻이 있어요

연리지 (잇닿을 連 + 다스릴 理 + 가지 枝)
뿌리가 다른 나무가 서로 엉켜 한 나무처럼 보이는 현상으로, 화목한 부부나 남녀 사이를 비유적으로 이르는 말.

중국 후한 말, 채옹이란 효자가 살았어요. 채옹은 병든 어머니 곁에서 3년을 돌보았고, 어머니가 돌아가시자 산소 옆에서 초막을 짓고 살다가 죽었어요. 얼마 지나지 않아 채옹과 어머니의 무덤에서 각각 나무가 자라더니, 가지가 서로 얽히며 한 나무가 되었어요. '부모와 자식 사이의 사랑'을 의미하던 '연리지'는 훗날 '부부 사이의 사랑과 정'을 상징하는 말로 바뀌었어요.

"나도 언젠가 연리지 같은 사랑을 할 수 있을까?"

도플갱어 (Doppelgänger)
똑같은 모습을 가진 사람이나 동물을 비유적으로 이르는 말.

'도플갱어'는 독일어로 '이중으로 돌아다니는 사람'에서 유래했어요. '살아 있는 사람과 똑같이 생긴 유령의 모습'이나 또 '하나의 자신'을 의미하기도 하지요. 보통 도플갱어를 만나면 둘 중 한 사람은 죽게 된다는 이야기가 따라붙어요. 우리나라의 《옹고집전》에 나오는 '옹고집'이 떠오르지 않나요?

"정말 이 세상 어딘가에 나의 도플갱어가 있을까?"

희☐양

(희생 犧 + 희생 牲 + 양 羊)

어떤 목적을 위해 목숨, 명예, 이익 등을 빼앗긴 사람을 비유적으로 이르는 말.

'희생'은 '제사를 지낼 때 신에게 바치는 소나 양 등의 살아 있는 짐승'을 뜻해요. 이 말이 점차 '남을 위해 목숨이나 재물 등을 버리거나 바치는 것'의 뜻으로 쓰이게 되었어요. 고대 유대인들은 양이나 염소를 한 마리 뽑아서 자신들의 죄를 뒤집어씌운 뒤 광야로 내보냈는데, 여기에서 '희생양'이 유래했어요. '속죄양'이라고도 하는데, '남의 죄를 대신해서 짊어지는 사람'을 뜻해요.

비슷한 표현 속죄양(贖罪羊)

"우리, 죄 없는 사람을 희생양으로 만들지는 말자."

  그림 연상 퀴즈 ⑭

삼□사

(석 三 + 총 銃 + 선비 士)

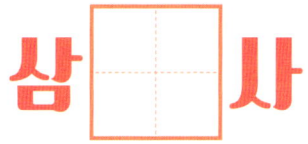

어울려 다니며 친하게 지내는 세 사람을 비유적으로 이르는 말.

'삼총사'는 프랑스 작가 알렉상드르 뒤마의 소설 《삼총사》에서 유래했어요. 루이 13세 때를 배경으로 검객 다르타냥이 근위병 삼총사인 아토스, 포르토스, 아라미스와 함께 추기경의 음모로부터 왕비를 구하는 이야기예요. '총사'는 '총을 쓰는 병사'를 의미하는데, 실제로 소설에서는 총이 아닌 칼을 쓴답니다. 오늘날 '단짝으로 지내는 세 친구'를 의미하는 관용어가 되었어요.

  "우리는 학교에서 내로라하는 삼총사야."

엄마랑 냉전 중

가스라이팅 (gaslighting)

다른 사람의 심리나 상황을 조작해 그 사람을 교묘하게 지배하려고 하는 행위.

비슷한 표현 가스등 효과(Gaslight effect), 세뇌(洗腦)

이 말은 미국의 심리 치료사인 로빈 스턴이 《가스등》이란 영화에서 착안한 용어예요. 영화에서 방 안의 가스등이 자꾸 어두워지는 걸 경험한 아내는 남편에게 불안하다고 하지만, 남편은 착각이라고 해요. 아내는 점차 자신이 미쳤다고 생각하게 되지요. 심리학에서 '상대를 교묘하게 통제하여 심리적으로 지배하는 것'을 '가스등 효과' 또는 '가스라이팅'이라고 해요. 최근 미디어나 일상에서 자주 접하는 용어랍니다.

"가스라이팅 당하지 않으려면 스스로 굳게 믿어야 해"

냉전 (찰 冷 + 싸울 戰)

둘 사이에 갈등이 있거나 서로 대립하고 있는 상태.

'냉전'은 제2차 세계 대전이 끝난 직후 자본주의를 주장하는 미국과 공산주의를 대표하는 소련 사이에 있었던 '긴장 상태'를 의미해요. 전쟁을 일으키지는 않았지만, 그에 버금갈 정도로 정치, 경제, 외교 등에서 서로를 적으로 생각하며 대립했어요. 1990년대 소련이 해체되면서 냉전 시대가 끝났어요. '두 대상이 갈등하는 상황'을 가리켜 자주 써요.

"나 요즘 엄마와 냉전 중이야."

M☐T☐

심리학자 칼 융의 심리 유형론을 기반으로 한 성격 유형 지표 검사.

　요즘 유행하는 'MBTI'는 '마이어스-브릭스 유형 지표(Myers-Briggs-Type Indicator)'의 약자로, 사람의 성격을 16개의 유형으로 나눈 거예요. 심리학자 칼 융의 이론을 캐서린 쿡 브릭스와 딸 이사벨 브릭스 마이어스가 정리했지요. 외향적인 E와 내향적인 I, 감각형 S와 직관형 N, 사고형 T와 감정형 F, 판단형 J와 인식형 P로 구분하여 사람의 성향을 파악해요.

 "너 혈액형 말고 MBTI가 뭐야?"

많은 경험과 지식으로 믿을 수 있는 가르침을 주는 지도자 또는 조언자를 가리키는 말.

'멘토(mentor)'는 그리스 신화에 나오는 영웅인 오디세우스의 친구이자 조언자였던 '멘토르'에서 유래했어요. 트로이 전쟁에 나가면서 오디세우스는 친구에게 자기 아들을 맡겼고, 멘토르는 친구의 아들을 훌륭하게 키워 냈어요. 후에 사람들은 '훌륭한 제자를 길러낸 사람'을 '멘토'라 불렀고, 이러한 '가르침을 받는 사람'을 '멘티'라고 했어요.

반대되는 표현 ▶ 멘티(mentee)

  "친구야, 넌 나의 훌륭한 멘토야."

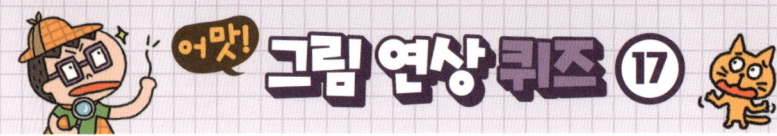

부 □ □ 효과

어떤 일이 본래의 목적을 벗어나 불리한 결과로 되돌아오는 현상.

'부메랑'은 오스트레일리아의 원주민들이 주로 쓰던 무기 중 하나예요. 활등처럼 휜 막대기로, 목표물을 향해 던지면 회전해 날아가는데 만약 목표물을 맞히지 못하면 다시 돌아와요. 이 원리에 따라 '본래의 의도를 벗어나 위협적인 결과로 돌아오는 것'을 '부메랑 효과(Boomerang effect)'라고 해요. 경제학에서는 '선진국이 개발 도상국에 돈을 투자해서 만든 물건이 선진국으로 역수출하게 되어 경쟁하는 일'을 말하기도 해요.

"무분별한 개발이 기후 변화라는 부메랑 효과로 나타나고 있어."

재미있는 사다리 타기

관계의 맛

※ 사다리를 타고 내려가 어울리는 표현의 번호를 찾아 쓰세요.

 **무지개다리**

 **제로섬 게임**

 **표리부동**

정답 ③ ① ②

① 선녀들이 하늘에서 땅으로 타고 내려왔다고 하는 다리. 반려동물이 죽으면 간다고 하는 장소를 비유적으로 표현한 말.
  예) 오랫동안 함께 지내던 강아지가 이번에 무지개다리를 건넜어.

② 게임에서 참가자의 선택이 무엇이든지 간에 한쪽의 이득과 다른 쪽의 손실을 합하면 '0'이 되는 게임.
  예) 네가 뭘 선택하든 이건 결국 제로섬 게임에 불과해.

③ 겉으로 드러나는 말과 속으로 하는 생각이 다름.
  예) 배가 부르다면서 고기를 다 먹어 버리다니, 표리부동한 사람!

두냥아, 나랑 오래오래 살자.

걱정 마라냥. 저건 백만 년 뒤에 건널 거다냥.

이런 뜻이 있어요

마지노선 (Maginot + 선 線)
어떤 일이나 문제에 대해 받아들이거나 인정할 수 있는 최저의 한계선을 이르는 말.

'마지노선'은 본래 '최후의 방어선'이란 뜻이에요. 제1차 세계 대전이 끝나고 프랑스는 앙드레 마지노 장관의 제안으로 독일을 막기 위한 방어선을 국경에 만들었어요. 하지만 독일은 제2차 세계 대전 때 이 방어선을 돌아서 벨기에를 침공했고, 곧 파리도 함락되었어요. 마지노선은 '더는 물러날 수 없는 상황이나 처지'를 표현할 때 자주 써요.

"생일 선물 값의 마지노선은 어떻게 돼?"

보이콧 (boycot)
여러 사람이 한마음으로 어떤 일을 받아들이지 않고 거부함.

'제품을 사지 않고 불매 운동을 벌이는 일'도 '보이콧'이라고 해요. 옛날 아일랜드에서 악독하기로 소문난 보이콧이라는 농장 주인 때문에 고생하던 농민들이 다 함께 가을 추수를 하지 않은 데서 유래했어요.

"소비자들이 그 화장품 브랜드를 보이콧하기 시작했어."

미궁 (미혹할 迷 + 집 宮)
문제나 사건이 복잡하게 얽혀서 해결하기 어려운 상태를 비유적으로 이르는 말.

비슷한 표현 미로(迷路), 오리무중(五里霧中)

'미궁'은 본래 '들어가면 나올 길을 쉽게 찾을 수 없게 되어 있는 곳'을 말해요. 옛날 그리스의 크레타섬에 사는 미노스 왕이 빠져나오기 어려운 미로를 만들어서 괴물 미노타우로스를 가둬 둔 데서 유래했어요. 오늘날 '해결하기 어려운 문제나 사건'을 말할 때 이 말을 자주 써요.

"흠, 사건이 점점 미궁 속으로 빠지는 것 같군."

사이렌 (siren)
큰 소리를 내어 위급한 신호나 경고 등을 알리는 경보 장치. 또는 그 소리.

'사이렌'은 공기구멍이 뚫린 원판을 빠른 속도로 돌려서 '공기의 진동으로 시끄러운 소리를 내는 장치'예요. 오늘날은 '구급차, 소방차, 경찰차 등이 긴급 출동할 때 내는 소리'도 이렇게 부르지요. 이 말은 그리스 신화에서 나오는 '세이렌'이라는 바다의 요정이 아름다운 노래로 선원들을 유혹해 바다로 뛰어들게 한 데서 유래했어요.

"어젯밤에 울린 사이렌 소리 들었어?"

그림 연상 퀴즈 ⑱

☐☐ 상태

(panic + 항상 常 + 모양 態)

많은 군중이 어떤 현상이나 위험에서 벗어나고자 무작정 도피하려고 하는 혼란 상태.

'패닉'은 '강력한 불안감이나 공포'를 의미하는데, 비슷한 말에는 '공황'이 있어요. 그리스 신화에 등장하는 목축의 신 '판'에서 유래했는데, 얼굴은 인간이고 몸이 염소 모습을 해서 보는 이들에게 엄청난 공포심을 주었다고 해요. '패닉 상태'는 많은 사람이 위험에서 벗어나고자 도주하려고 하는 혼란 상태이며, 전쟁이나 경제 공황, 언론으로 인한 사회적 혼란 등을 말해요.

  "갑작스러운 지진으로 사람들이 패닉 상태에 빠졌어."

그림 연상 퀴즈 ⑲

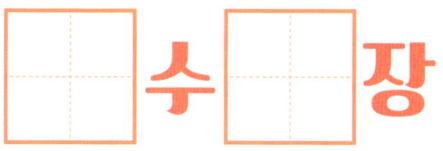

(언덕 阿 + 닦을 修 + 그물 羅 + 마당 場)

싸움이나 그 밖의 다른 일로 많은 사람이 모여들어 혼잡한 곳, 또는 그런 상태.

　'아수라장'은 불교에서 나온 말이에요. '아수라'는 몸이 하나에 얼굴이 세 개, 팔이 여섯인, 고대 인도 신화에 등장하는 신이에요. 성격이 괴팍해서 툭하면 전쟁을 벌였는데, 이 아수라가 천계를 수호하는 신 제석천과 싸움을 벌인 마당이 바로 '아수라장'이에요. 오늘날 '끔찍하고 참혹한 현장이나 혼란한 상황'을 가리켜 이 말을 쓰지요.

비슷한 표현 ▶ 수라장(修羅場)

"지하철 화재로 삽시간에 현장이 **아수라장**이 되었대"

이판사판 피구

이판사판
막다른 상황까지 이르러 더는 어떻게 손쓸 수 없는 상태.

'이판사판'은 본래 불교 용어에서 유래했어요. 절에서 '공부하는 스님'을 가리켜 '이판승'이라 하고, '살림을 맡아보는 스님'을 '사판승'이라 불렀어요. 조선 시대에는 불교를 억압하는 정책으로 인해 이판승과 사판승들이 엄청나게 고된 작업인 종이를 만드는 일에 동원되었어요. 이후 '막다른 궁지'나 '끝장'을 나타내는 의미로 '이판사판'을 쓰게 되었답니다.

"마지막 시합이란 생각으로 이판사판 달려들었다."

나락 (어찌 奈 + 떨어질 落)
빠져나가기 어려운 절망적인 상태나 상황을 가리키는 말.

'나락'은 본래 '살아 있을 때 죄를 지은 사람이 죽어서 가는 지옥'을 가리키는 불교 용어예요. '밑이 없는 구멍'이란 뜻의 산스크리트어 '나라카(naraka)'에서 유래되었어요. 오늘날은 '도저히 벗어날 수 없는 극한 상황'을 가리켜 이 말을 자주 사용해요.

"도박으로 인생이 한순간 나락으로 빠졌다."

 이런 뜻이 있어요

아킬레스건 (Achilles + 힘줄 腱)
치명적인 약점을 비유적으로 이르는 말.

'아킬레스건'은 본래 '발꿈치뼈에 붙은 굵고 강함 힘줄'로, 발뒤꿈치와 종아리를 이어 주어서 발을 디디게 해 줘요. 그리스 신화에 등장하는 영웅 '아킬레우스'에서 유래했어요. 불사신으로 불리는 아킬레우스는 트로이 전쟁에서 트로이의 왕자 파리스에게 유일한 약점인 발뒤꿈치에 화살을 맞아 죽었어요. 이후 '결정적인 약점'을 가리키는 대명사로 이 말이 쓰이게 됐어요.

 "겸이가 축구팀의 아킬레스건이니까, 그 애만 공격해."

낭패 (이리 狼 + 이리 狽)
일이 계획하거나 기대한 대로 되지 않아 곤란한 상황에 빠짐.

'낭패'는 상상 속 동물인 '낭'과 '패'에서 유래했어요. 낭은 태어날 때부터 뒷다리 두 개가 짧거나 아예 없고, 패는 앞다리 두 개가 아예 없거나 짧았어요. 이 때문에 둘이 같이 움직여서 먹이를 찾는데, 둘 중 하나가 고집을 부리거나 마음이 안 맞으면 넘어지기 일쑤였어요. 그래서 '계획한 일이 어그러지거나 잘 풀리지 않을 때'를 가리켜 '낭패'란 말을 쓰게 되었답니다.

 "여행 중에 지갑과 여권을 잃어버려 낭패를 봤어."

깨진 ⬜⬜⬜ 법칙

깨진 유리창과 같은 사소한 허점을 그대로 두면 더 큰 범죄가 진행된다는 이론.

'깨진 유리창 법칙(Broken windows theory)'은 범죄학자인 제임스 윌슨과 조지 켈링이 발표한 이론이에요. 깨진 유리창이나 낙서, 쓰레기 더미 등 사소해 보이는 일들을 방치하면, 그 주변으로 범죄가 더 크게 일어난다는 것이지요. 실제로 뉴욕 지하철의 낙서를 지우자, 지하철에서 일어나는 사고가 줄어들었다고 해요. 이 말은 반대로 '사소한 실수나 문제를 해결하면 더 크고 좋은 효과가 나타난다'는 의미이기도 해요.

 "연이은 사고가 났다면, 깨진 유리창 법칙을 무시하지 마."

기울어진 ☐ ☐ ☐

처음부터 공정한 경쟁을 할 수 없는 상황을 비유적으로 이르는 말.

'기울어진 운동장(Uneven playing field)'은 축구 경기에서 유래했어요. 스페인의 축구 강팀 FC 바르셀로나가 경기마다 이기자, 진 팀 쪽 누군가가 농담 삼아 운동장이 FC 바르셀로나 쪽으로 기울어져 있다고 한 말이 퍼졌어요. 한쪽이 기울어진 운동장에서는 아무리 뛰어난 사람도 이길 수 없다는 얘기였지요. 이 말은 사회 곳곳에서 '공정한 경쟁을 할 수 없는 상황'을 표현할 때 자주 써요.

"부자에게 유리한 기울어진 운동장을 바로 잡아야지."

이런 뜻이 있어요

하인리히 법칙 (Heinrich's law)
큰 사고나 재해가 일어나기 전, 반드시 그와 관련한 작은 사고들이 여럿 일어난다는 법칙.

'하인리히 법칙'은 '1:29:300의 법칙'이라고도 해요. 1931년 보험 회사 직원이었던 하인리히는 산업재해 중에서 큰 재해가 1번 일어났다면 그 전에 같은 원인으로 29번의 작은 재해가 일어났고, 더 이전에 300번의 작은 사고가 있었을 거라는 사실을 밝혀냈어요. 즉 작은 사고는 거기에 그치지 않고 더 큰 사고를 불러일으키므로, 초기 때 잘 대처해야 한다는 것이지요.

"아파트 붕괴 사고를 살펴보면 하인리히 법칙이 존재해."

주마등 (달릴 走 + 말 馬 + 등잔 燈)
무엇이 언뜻언뜻 빨리 지나감을 비유적으로 이르는 말.

'주마등'은 본래 등불의 한 종류예요. 등 한가운데에 대오리를 세우고 대 끝에 두꺼운 종이로 만든 바퀴를 붙인 다음, 네 개의 종이 말 형상을 달아요. 그러면 촛불로 데워진 공기의 힘으로 바퀴가 돌면서 말이 빠르게 달리는 것처럼 보여요. 이 형상에 착안해 '어떤 생각이나 기억이 머릿속에 빠르게 스치는 것'을 '주마등'이라고 부르게 되었어요.

"내 열두 살의 인생이 주마등처럼 스쳐 지나갔어."

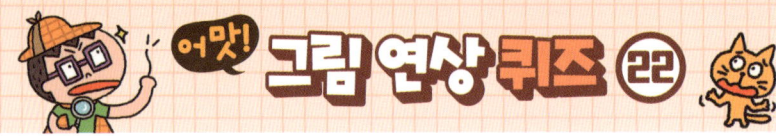

도미노 패가 연이어 넘어지듯이 어떤 현상이 인접 지역으로 퍼지는 일.

'도미노(domino)'는 본래 이탈리아에서 고안된 주사위 놀이로, '패를 맞추어 점수를 내는 게임'이었어요. 이 놀이가 패를 세워 첫 번째를 쓰러뜨리면 다른 패도 줄지어 쓰러지는 '도미노 게임'으로 발전했지요. 패가 넘어지듯 '어떤 일이 꼬리에 꼬리를 물고 잇따르는 현상'을 '도미노'라고 부른답니다.

▶ 비슷한 표현 ▶ 파급(波及)

"중소기업의 도미노 파산이 심상치 않다."

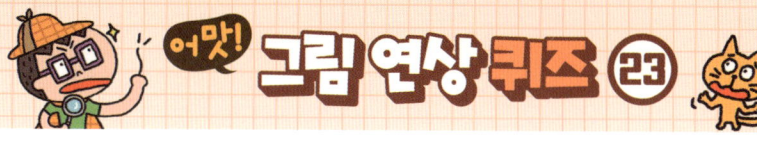

양날의 ☐

잘 쓰면 유용하지만 잘못 쓰면 오히려 독이 될 수 있다는 것을 비유하는 말.

'양날의 검(Double-edged sword)'은 양쪽 모두에 날이 있는 칼로, 휘두르면 적을 베는 것은 물론 자신도 위험할 수 있어요. '나에게 이익이 될 수도, 해가 될 수도 있다'는 뜻이지요. 흔히 '양날의 검'이라고 쓰는데, 일본식 번역에서 온 표현이 관용적으로 굳어졌어요. 비슷한 사자성어로는 '장점 하나에 단점 하나'란 뜻의 '일장일단'이 있어요.

▶ **비슷한 표현** 일장일단(一長一短), 양날의 칼

"챗GPT는 과연 양날의 검일까?"

 게임

어떤 문제를 두고 대립하고 양보하지 않다가 극한으로 치닫는 상황을 이르는 말.

'치킨 게임(Chicken game)'은 1950년대 미국 젊은이들 사이에서 유행하던 자동차 게임에서 유래했어요. 도로 양쪽에서 차를 타고 서로에게 돌진하다가 핸들을 먼저 꺾는 사람이 '치킨', 즉 '겁쟁이'가 되는 게임이에요. 둘 다 핸들을 꺾지 않으면 죽거나 크게 다쳐요. 양쪽이 서로 손해를 보는 상황에서 어느 한쪽이 양보하지 않으면 도리어 파국으로 치닫게 되는 것이지요.

▶ **비슷한 표현** ▷ 끝장 승부

  "두 사람의 대결은 그야말로 치킨 게임을 방불케 했어."

재미있는 사다리 타기

※ 사다리를 타고 내려가 어울리는 표현의 번호를 찾아 쓰세요.

 **자충수**

 **사활**

 **거덜**

❶ 바둑에서 자기가 놓은 돌로 자기의 수를 줄이는 수. '스스로 한 행동이 자신에게 불리한 결과를 가져오게 됨'을 비유적으로 이르는 말.
   예문! 잘하려고 한 일이 도리어 자충수가 되어 버렸어.

❷ '죽기와 살기'라는 뜻으로, 매우 중요한 문제.
   예문! 이번 계약은 우리 회사의 사활이 걸려 있어.

❸ 재산이나 살림살이가 거의 없어지는 것을 이르는 말.
   예문! 용돈을 받자마자 거덜이 났네.

추천 알고리즘

요즘 내 너튜브에 고양이 영상 **알고리즘**이 자주 떠.

다식이 네가 고양이 영상을 자주 봤나 보네. AI가 맞춤 정보를 찾아 주잖아.

난 **아카데미** 영상이 계속해서 뜨던데. 그래서 시간 가는 줄 모르고 봤다니까.

무슨 **아카데미**? 수학? 과학? 영어…?

정말 학습 영상 보면서 공부하는 거야?

엥? 무슨 학습? 난 아카데미상 시상식 영상을 본다는 얘기였는데?

아, 그 **아카데미**? 어쩐지.

아카데미 (academy)

대학, 연구소 등 학문이나 예술의 중심이 되는 단체나 기관을 나타내는 말.

비슷한 표현 한림원(翰林院)

'아카데미'는 고대 그리스의 철학자인 플라톤이 아테네에서 철학을 가르치던 교육 기관인 '아카데메이아(akademeia)'에서 유래했어요. 오늘날 '학문이나 예술에 관한 권위 있는 단체'를 이렇게 불러요. 미국의 '영화 예술 과학 아카데미'가 해마다 훌륭한 영화를 뽑아서 주는 상을 가리켜 '아카데미상' 또는 '오스카상'이라고 부르기도 한답니다.

"우리가 소속된 과학 아카데미에서 노벨상 수상자가 나왔어."

알고리즘 (algorism)

문제를 해결하기 위해 순서화된 규칙이나 절차의 집합.

비슷한 표현 알고리듬(algorithm)

'알고리즘'은 주로 과학과 컴퓨터, 수학 분야에서 많이 사용되는 말인데, 9세기 페르시아 수학자인 '무함마드 알 콰리즈미'의 이름을 라틴어식으로 표현한 '알고리스무스(algorismus)'에서 비롯되었어요. 최근 미디어 플랫폼에서 이걸 바탕으로 사용자의 특성에 따른 맞춤 정보를 제공하고 있어요. '알고리듬'으로 쓰기도 해요.

"AI 알고리즘을 통해 나에게 맞는 정보를 받을 수 있어."

상아탑 (끼리 象 + 어금니 牙 + 탑 塔)
순수 학문을 연구하는 대학을 비유적으로 이르는 말.

'상아탑'은 '현실에서 벗어나 오로지 예술이나 학문에만 열중하는 경지나 생활'을 뜻해요. 상아는 코끼리의 어금니로, 하얗고 아름다워서 사람들이 귀하게 여겼어요. 이 상아가 탑처럼 쌓여 있다면 얼마나 아름다웠을까요? 그래서 '예술과 학문에 푹 빠져 깊이 연구하는 대학'을 가리켜 '상아탑'이라 부르게 되었어요.

"우리 검이가 대학이라는 상아탑에만 들어가면 정말 소원이 없겠네."

시금석 (시험할 試 + 쇠 金 + 돌 石)
어떤 가치나 능력, 역량 등을 판단하는 데 기준이 되는 기회나 사물을 비유적으로 이르는 말.

'시금석'은 본래 '금의 순도를 시험하는 데 쓰는 검은색 암석'을 말해요. 주로 현무암이나 검은 석영이 쓰이는데, 금 조각을 이 암석의 표면에 문질러 나타나는 금 빛깔을 비교해 품질을 결정한답니다. 오늘날은 그 의미가 확대되어 '어떤 가치를 가늠하는 기준'으로 많이 쓰여요.

"이번 경기가 우리 팀의 실력을 가늠해 볼 수 있는 시금석이 될 거야."

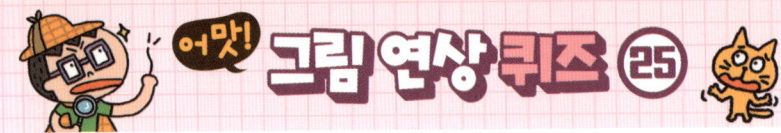

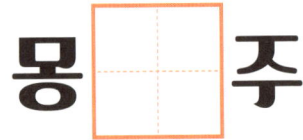

범죄 수사에서 목격자들의 증언을 바탕으로 범인의 특징을 잡아서 그린 얼굴 사진.

'몽타주(montage)'는 프랑스어로 '모으다', '조합하다'의 뜻을 가진 '몽테(monter)'에서 유래했어요. '목격자의 진술에 따라서 그린 범인의 얼굴'을 이렇게 부른답니다. 이 말은 또한 '영화나 사진에서 여러 장면을 잘 떼어 붙여 하나의 새로운 장면이나 내용을 만드는 기법'을 뜻하기도 해요.

  "네 증언을 바탕으로 지금 범인의 몽타주를 만들고 있어."

세미 ☐

한 분야의 전문가들이 특정한 주제를 연구하기 위해 하는 모임.

'세미나(seminar)'는 '전문가들이 모여 어떤 주제로 행하는 강연회'를 말해요. 또 '대학에서 교수의 지도 아래 학생들이 모여서 연구 발표나 토론 등을 통해 행하는 공동 연구'를 말하기도 해요. '묘목을 기르는 밭'을 뜻하는 라틴어 '세미나리움(seminarium)'에서 유래되었어요.

"엄마가 학회 세미나 참석을 위해 외국에 가셨어."

백일장 (흰 白 + 날 日 + 마당 場)
국가나 단체에서 실시하는 글짓기 대회.

조선의 제3대 왕 태종은 전국에 흩어 있는 유생들의 학업을 장려하고 싶었어요. 그래서 대낮에 시험장에 유생들을 모아 놓고 시를 짓게 했어요. 과거 시험 형식을 본떠서 시제를 내걸고, 유생들이 시제에 맞는 시를 즉석에서 지어내도록 했답니다. 여기에서 비롯된 게 바로 '백일장'이에요.

"세리는 백일장에 나가기만 하면 상을 받더라."

보람
어떤 일을 한 뒤에 얻는 좋은 결과나 만족한 느낌.

'보람'은 본래 '다른 물건과 구별하거나 잊지 않기 위해 해 둔 표시나 표적'을 뜻해요. 이 말이 확장되어 마음에 남기는 흔적, 즉 '어떤 일을 하고 난 뒤에 느끼는 만족감'을 나타내게 되었어요. 또 '어떤 일에 대해 자부심을 느끼게 되는 가치'를 의미하기도 해요. 이럴 때는 "네가 하는 일에도 분명 보람이 있을 거야."처럼 쓰지요.

"줄넘기를 열심히 한 보람이 있구나."

패러다임 (paradigm)

어떠한 시대 사람들의 생각이나 사상을 지배하고 있는 이론적인 틀이나 체계.

'패러다임'은 미국의 과학자이자 철학자인 토머스 쿤이 자신의 책 《과학 혁명의 구조》에서 쓴 말이에요. '사례', '본보기' 등을 뜻하는 그리스어인 '파라데이그마(paradeigma)'에서 따왔어요. '어떤 시대마다 사람들 사이에 공식적으로 인정되는 모범적인 틀'이 있는데, 이게 바로 '패러다임'이에요.

"사람들의 생각을 변화시킬 새로운 패러다임이 필요해."

스팸 (spam)

원하지 않는 광고성 전자 메일이나 문자를 비유적으로 가리키는 말.

'스팸'은 본래 '미국의 식품 회사인 호멜사에서 만든 통조림 햄의 제품명'이에요. 제2차 세계 대전 때 세계 곳곳에 있는 미군의 전투 식량으로 보급되면서 햄을 대량으로 생산했어요. 호멜사에서는 남아도는 햄을 홍보하기 위해 광고를 했고, 그 양이 어마어마해서 광고 공해로 비난받았다고 해요. 그 뒤로 '원하지 않는 광고성 문자나 메일'을 '스팸 메시지', '스팸 메일'이라고 부르게 되었어요.

"이메일 보관함이 스팸 메일로 꽉 찼어."

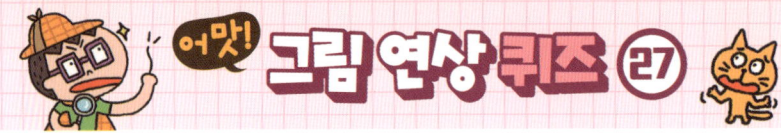

마인드 □□

마음속에 지도를 그리듯이 줄거리를 이해하며 정리하는 방법.

'마인드맵(Mind map)'을 문자 그대로 해석하면 '생각의 지도'란 뜻이에요. 1970년대 초, 영국의 언론인인 토니 부잔은 '공부한 내용이나 생각들을 마치 지도를 그리듯 이미지화해서 정리하는 방법'을 개발했어요. 중심 생각이나 느낌을 간단한 글자나 그림 등으로 표현하고, 이를 가지로 연결하며 세부 정보를 정리해요. 효과적인 학습법과 기억법으로 여전히 인기 있어요.

  "공부한 내용을 잘 이해하려면 마인드맵을 그려 봐."

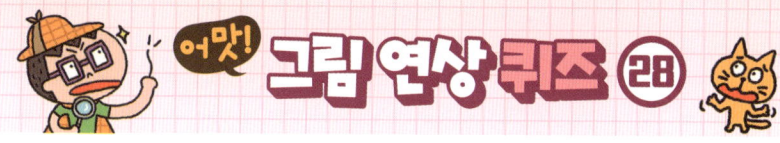

▢ 브라더

개인의 정보를 독점하여 사회를 통제하는 권력. 또는 그러한 사회 체계.

'빅 브라더(Big brother)'는 소설가 조지 오웰의 소설 《1984》에 나오는 가공인물로, '최고의 권력을 가진 독재자'예요. 소설에서는 "빅 브라더가 항상 당신을 보고 계신다."라고 하며 사람들의 정보와 생활을 통제해요. 오늘날 정보화 사회에 접어들면서 이러한 빅 브라더 시대가 현실화되고 있는 것 아니냐는 우려의 목소리가 높아지고 있어요.

"개인정보 수집이 빅 브라더로 이어지지 않게 해야 해."

인생은 아모르파티

 이런 뜻이 있어요

관건 (빗장 關 + 열쇠 鍵)
어떤 일을 해결하는 데 가장 중요한 것.

'관건'은 원래 '빗장과 자물쇠를 아울러 이르는 말'이에요. 옛날부터 중요한 물건을 보관할 때 문에 빗장을 가로지르거나 자물쇠로 채웠어요. 여기에서 유래해 '어떤 사물이나 문제 해결의 가장 중요한 부분'을 가리켜 '관건'이라고 하게 되었답니다.

 어맛! 한마디

"이번 대회 우승의 관건은 송이의 컨디션에 달렸어."

아모르파티 (Amor fati)
독일의 철학자 니체가 주장한 운명관으로, 자신의 운명을 사랑하라는 의미가 담긴 말.

'아모르파티'란 말을 들어 본 적 있나요? 인기 트로트 가수의 노래 제목이기도 한 이 말은 '운명에 대한 사랑'이란 뜻의 라틴어에서 유래됐어요. 독일의 철학자 프리드리히 니체는 삶이 만족스럽지 않고 힘들더라도 자신의 운명을 받아들이고 사랑해야 비로소 창조성을 키울 수 있다고 봤어요. 여러분은 어떻게 생각하나요?

 어맛! 한마디

"자신의 운명을 사랑해, 인생은 아모르파티야."

블☐투☐

**근거리 무선 통신 기술 중 하나로,
전자 기기끼리 데이터를 송수신할 수 있는 기술 표준.**

'블루투스(bluetooth)'는 1994년 스웨덴 회사 에릭슨이 개발한 무선 통신 기술이에요. 스칸디나비아를 평정한 덴마크 왕 '해럴드 블루투스'에서 '푸른 이빨'이란 이름을 따왔어요. 해럴드는 블루베리를 즐겨 먹어서 이가 파랬다고 해요. 이 영웅처럼 디지털 기기를 하나의 무선 통신 규격으로 통일한다는 의미를 담아서 명칭과 상징 기호를 만들었지요.

 "블루투스로 연결하면 데이터를 공유할 수 있어."

재미있는 사다리 타기

※ 사다리를 타고 내려가 어울리는 표현의 번호를 찾아 쓰세요.

 기네스북

 잡동사니

티엠아이 (TMI)

정답 ③ ① ②

① 영국 기네스 맥주 회사에서 해마다 만드는, 각 분야의 진기한 세계 기록을 모은 책.
맛! 방귀 많이 뀌기로 기네스북에 도전해 봐.

② 실학자 안정복이 잡다한 이야기를 모아서 쓴 책인 《잡동산이》에서 유래한 말로, 잡다한 것이 한데 뒤섞인 것.
맛! 제발, 쓸데없는 잡동사니는 좀 버려.

③ 굳이 알 필요가 없거나 지나치게 많은 정보를 이르는 말. 영어 (too much information)의 약자.
맛! 네가 화장실 간 횟수까지 말하는 건 티엠아이야.

 난 햄버거랑 게임이랑 앵무를 좋아해.

 하나도 안 궁금해. 티엠아이라고.

이런 뜻이 있어요

피터 팬 신드롬 (Peter Pan Syndrome)
성인이 되어서도 현실을 인정하지 않고 아이로 살며 의존하고 싶어 하는 심리.

비슷한 표현 ▶ 피터 팬 증후군

'피터 팬 신드롬'은 영국의 소설가 제임스 매슈 배리가 쓴 동화 《피터 팬》에 나오는 주인공 이름이에요. 네버랜드에 사는 피터 팬은 어른이 되지 않고 소년으로 지내요. 여기에서 유래된 '피터 팬 신드롬'은 '몸은 어른으로 자랐지만, 마음은 어린이로 남아 있길 바라는 심리'예요. 어른이 되었어도 타인에게 의존하고 싶어 하지요.

"언제까지 피터 팬 신드롬에 빠져 있을 거니?"

아이콘 (icon)
어떤 대상을 상징하는 그림이나 형상.

'아이콘'은 '그림'을 뜻하는 고대 그리스어 '이콘(eikoon)'에서 나온 말이에요. 크리스트교에서 '성스러운 그림'을 상징하다가, 의미가 확장되어 '신처럼 숭배의 대상이 되는 물건이나 사람', '어떤 분야를 대표하는 사람'의 뜻으로도 자주 쓰이고 있어요. 정보·통신 분야에서는 '컴퓨터에서 어떤 사물을 표시하려고 사용되는 작은 그림이나 기호'를 '아이콘'이라고 불러요. 정보를 빠르고 정확하게 전달하는 데 유용해요.

"내가 바로 이 시대를 대표하는 아이콘이지."

 이런 뜻이 있어요

예술의 맛

천의무봉 (하늘 天 + 옷 衣 + 없을 無 + 꿰맬 縫)
본래 꾸민 데 없이 자연스럽고 아름다우며 완전함을 이르는 말.

'천의무봉'은 중국 북송 때 지어진 설화집 《태평광기》에 나오는 곽한 이야기에서 유래했어요. 어느 날 곽한이 낮잠을 자는데, 한 여인이 찾아왔어요. 여인의 옷에 바느질한 흔적이 없어서 곽한이 그 이유를 묻자, 여인은 "선녀가 입는 하늘의 옷은 원래 실이나 바늘로 꿰매지 않습니다."라고 대답했다고 해요. '어떤 문장이나 작품, 사물 등이 아무런 흠이나 결점 없이 완벽함'을 가리키는 말이에요.

 어맛! 한마디
"이 글은 천의무봉이라 할 만큼 완벽해요."

실루엣 (silhouette)
옷이나 몸의 윤곽선.

'실루엣'은 미술에서 '인물이나 사물의 외관을 단색으로 칠한 그림'을 말해요. 18세기 말, 프랑스의 재무 장관이었던 '에티엔 드 실루엣'이 극단적인 절약을 주장하며, 초상화를 검은색만으로 칠해도 충분하다고 주장한 데서 유래했어요. 이후로 '세밀한 모습이 드러나지 않은 윤곽이나 그림자'를 통틀어 '실루엣'이라 부르게 되었답니다.

 어맛! 한마디
"저기 커튼 뒤에 아른거리는 실루엣이 누굴까?"

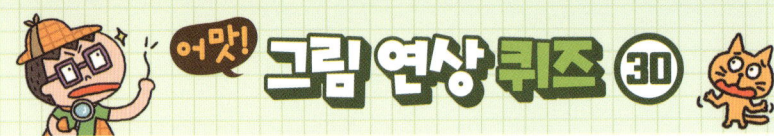

아⬜타

가상 현실에서 자신의 역할을 대신하는 캐릭터를 이르는 말.

'아바타(avatar)'는 본래 '하늘에서 내려온 자'라는 뜻으로, 인도의 힌두 신화에서 신이 땅에 내려올 때 인간이나 동물의 모습으로 나타나는 '화신'을 말해요. 오늘날에는 '인터넷이나 가상 현실에서 개인의 역할을 대신하는 캐릭터나 분신'의 의미로 자주 쓰여요.

"나는 가끔 메타버스에서는 **아바타**의 모습으로 대화하며 놀기도 해."

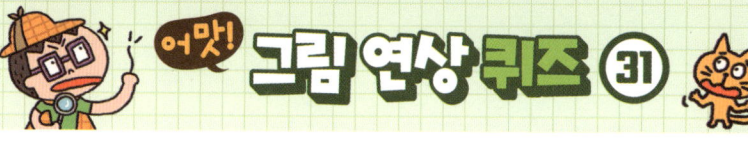

햄 □ 형

생각이 많고 결단력이 약한 성격을 유형을 이르는 말.

'햄릿형(Hamlet type)'은 영국의 소설가 셰익스피어가 쓴 소설 《햄릿》에 나오는 주인공 이름에서 유래했어요. 햄릿은 아버지를 죽인 삼촌에게 복수하려고 하지만 너무 신중한 성격 때문에 비극을 맞이해요. 이와는 반대로 저돌적이고 모험심이 많으며, 추진력이 강한 성격을 '돈키호테형'이라고 해요. 에스파냐의 작가 세르반테스가 쓴 소설 《돈키호테》에 나오는 주인공 이름에서 비롯되었어요.

반대되는 표현 ▶ 돈키호테형(Don Quixote type)

  "넌 너무 우유부단한 게 **햄릿형** 인간이 틀림없어."

이런 뜻이 있어요

패러디 (parody)
특정 작품의 소재나 작가의 스타일을 흉내 내어 익살스럽게 표현하는 수법. 또는 그런 작품.

이 말은 '다른 노래에 반대하여 부르는 노래'란 뜻의 고대 그리스어 '파로디아(parodia)'에서 유래했어요. '패러디'는 '원작을 한 번 비틀면서 재치와 유머를 담아내 사람들에게 즐거움을 전하는 목적'이 있어요. 다른 사람의 창작품 전부나 일부를 허락 없이 가져다가 마치 자기가 창작한 것처럼 하는 '표절'과는 전혀 달라요.

"인기 프로그램을 패러디한 영상이 연일 화제야."

압권 (누를 壓 + 책 卷)
예술 작품이나 공연, 또는 어떤 대상에서 가장 뛰어난 것.

'압권'은 옛날 중국에서 관리를 뽑는 시험을 볼 때, 가장 뛰어난 답안지를 다른 답안지 위에 얹어서 임금에게 올린 것에서 유래한 말이에요. '솜씨가 훌륭한 작품', '작품이나 책 속에서 잘된 부분'을 포함해 '주목해서 볼 만한 눈에 띄는 공연이나 상품'을 가리킬 때도 이 말을 써요.

"다식이가 한 시 낭송이 학예회의 압권이었어."

아마추어 연극에서

리허설 (rehearsal)

연극이나 음악, 방송에서 공연을 앞두고 실제처럼 미리 해 보는 연습.

비슷한 표현 ▶ 예행연습(豫行演習)

'리허설'은 '한 번 더 하다'의 뜻을 가진 프랑스어에서 유래했어요. 연극이나 콘서트, 방송 등을 할 때 출연자가 무대 위에서 미리 동선과 악기 상태 등을 확인하며 연습하는 거예요. 비슷한 말로는 '어떤 행사를 하기 전 그와 똑같은 순서로 해 보는 연습'이란 뜻의 '예행연습'이 있어요.

"리허설 때는 잘했는데 실제 공연에서 실수했어."

아마추어 (amateur)

예술, 운동, 기술 등을 직업이 아닌, 취미로 즐기며 하는 사람.

반대되는 표현 ▶ 프로페셔널(professional), 전문가(專門家)

'아마추어'는 '사랑하는 사람'이란 뜻의 라틴어 '아마토르(amator)'에서 유래했어요. 어떤 일을 직업으로 삼지 않고 좋아하는 마음으로 즐기면서 하는 것을 뜻하며, 줄여서 '아마'라고도 해요. '전문가'나 '프로페셔널(프로)'과는 반대되는 말이지요.

"우리 축구단은 아마추어들로 구성되어 있어."

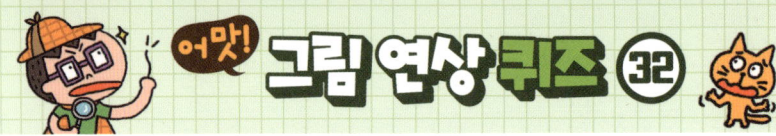

시, 소설, 연극 등이 끝난 뒤 작가가 마지막으로 보충해 끝맺어 주는 부분.

'에필로그(epilogue)'는 '이야기가 끝난 뒤에 작가가 자신의 주장이나 결말을 보충해서 완전히 종결시키는 부분'이에요. 이야기가 시작되기 전에 흥미를 끌기 위해 넣는 '프롤로그'가 반대 개념이고요. 이 두 말은 그리스 신화에 나오는 '먼저 생각하는 사람'이란 뜻의 '프로메테우스'와 그의 동생이자 '나중에 깨닫는 사람'인 '에피메테우스'에서 유래했어요.

반대되는 표현 ▶ 프롤로그(prologue)

  "너 그 이야기의 에필로그까지 다 봤어?"

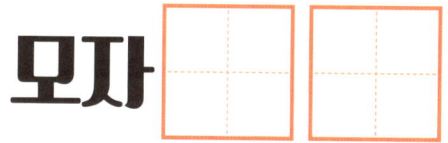

사진이나 화면에서, 일부분만 가리기 위해 잘 안 보이게 처리하는 일.

'모자이크(mosaic)'는 본래 미술에서 '여러 빛깔의 유리나 조개껍데기 등을 조각조각 붙여 만든 무늬나 그림'을 뜻해요. 고대 그리스 신화에 나오는 예술의 여신인 '무사(mousa)'에서 나왔다는 설이 있는데, 건축과 미술에서 많이 쓰이는 기법이에요. 요즘은 사진이나 영상 작업에서 특정 얼굴이나 간판 등을 잘 안 보이게 처리하는 용도로 자주 써요.

"맛집 프로그램에 나온 내 얼굴 말인데, 모자이크 처리해 주면 좋겠어."

115

블록버스터 (blockbuster)
엄청난 비용을 들인 거대 규모의 영화나 드라마를 가리키는 말.

'블록버스터'는 본래 제2차 세계 대전 때 영국 공군이 사용한 '초대형 폭탄'의 이름이었어요. 도시 한 구역(block)을 깨뜨릴 정도의 파괴력(bust)이 있어서 이런 이름이 붙었지요. 이후 상업적으로 성공시키기 위해 엄청난 돈을 쏟아부은 영화를 가리켜 '블록버스터'라고 부르게 되었어요. 영화를 제작하는 데에 대규모 세트장과 촬영 인력, 다양한 특수 효과가 필수로 들어간답니다.

"올해 할리우드표 블록버스터 영화가 많이 개봉된대."

카메오 (cameo)
유명 인사나 인기 배우가 극 중 깜짝 등장하여 짧은 동안만 하는 연기나 역할.

비슷한 표현 깜짝출연

'카메오'는 본래 '유리나 보석에 무늬를 돋을새김하는 방식이나 그렇게 하여 만든 장신구'를 뜻해요. 기원전 3000년경부터 수메르에서 사용했을 정도로 역사가 깊어요. 오늘날은 '관객의 시선을 단번에 사로잡을 만한 단역 출연자'의 뜻으로 자주 쓰여요. 1940년대, 앨프리드 히치콕 감독이 자신의 영화에 잠깐 출연하면서 '카메오'가 시작됐어요.

"이 영화 카메오가 누군지 미리 말하지 마."

하 □ 니

음악에서 여러 음이 함께 날 때의 어울림.

'하모니(harmony)'는 그리스 신화에 등장하는 '하르모니아(harmonia)'와 관련 있어요. 전쟁의 신 아레스와 미의 여신 아프로디테의 딸인 하르모니아는 '조화의 여신'이라 불렸어요. 여기에서 유래해 '하모니'는 '화합과 조화'를 상징하며, '여러 물건이나 일 등이 미적으로 잘 어울림'이란 뜻으로도 자주 쓰여요.

"이번 합창 대회에서 우리 반은 완벽한 하모니를 이루어 냈어."

재미있는 사다리 타기

※ 사다리를 타고 내려가 어울리는 표현의 번호를 찾아 쓰세요.

 불후

 마스코트

 피날레

정답 ① ② ③

① '썩지 않음'이란 뜻으로, 훌륭한 가치가 영원히 변하지 않음을 의미하는 말.
   예맛! 엄마에게 불후의 명곡은 어떤 노래예요?

② 행운을 가져다준다고 믿어 간직하는 물건. '행운의 부적'을 뜻하는 프랑스어에서 유래했어요.
   예맛! 내 소중한 마스코트는 앵무의 깃털이야.

③ 연극이나 악극에서의 마지막 막.
   예맛! 축제의 피날레를 불꽃놀이 대신 드론 쇼가 장식했어.

 이런 뜻이 있어요

플라세보 효과 (Placebo effect)
가짜 약을 진짜 약으로 속여 써서 실제로 환자의 병세가 좋아지는 현상.

비슷한 표현 속임약 효과

'플라세보'는 '몸에 영향이 없는 물질로 만든 속임약'을 가리켜요. '기쁨을 주다'라는 뜻의 라틴어에서 유래했어요. '플라세보 효과'는 의사가 가짜 약을 진짜 약으로 꾸며서 주면, 환자는 그 약이 효과가 있을 거라는 믿음을 갖게 되면서 병세가 좋아지는 거예요. 긍정적인 믿음의 힘을 이용한 심리 치료랍니다.

 "가짜 약을 먹고도 몸이 나은 거면 플라세보 효과네"

피그말리온 효과 (Pygmalion effect)
다른 사람의 긍정적인 기대나 관심이 개인에게 좋은 영향을 미치는 효과.

그리스 신화에 나오는 조각가 '피그말리온'은 자신이 조각한 여신상을 깊이 사랑했어요. 신에게 사랑을 이루게 해 달라고 기도했지요. 감동한 미의 여신 아프로디테는 조각상을 여인으로 만들어 주었고, 피그말리온은 이 여인과 결혼했어요. '간절히 원하면 불가능한 일이 이루어지거나, 상대방의 관심과 기대가 내 일에 긍정적인 영향을 미치는 효과'를 말해요.

 "너의 응원과 관심이 내게 피그말리온 효과로 나타났어."

목욕탕의 딜레마

 이런 **뜻**이 있어요

딜레마 (dilemma)
둘 중 어떤 선택을 하든지 좋지 않은 결과가 나와서 이러지도 저러지도 못하는 상황.

비슷한 표현 진퇴양난(進退兩難)

'딜레마'는 그리스어에서 '두 번'을 뜻하는 '디(di)'와 '제안'을 뜻하는 '렘마(lemma)'가 합쳐진 말이에요. 반대되는 두 가지 제안 중 하나를 선택해야 하는데, '어느 쪽을 고르든 바람직한 결과로 이어지지 않아 곤란하게 된 상황'을 가리켜요. '이러지도 저러지도 못하는 불리한 처지'를 뜻하는 '진퇴양난'과 통해요.

"환경 보호와 개발을 두고 딜레마에 빠졌다."

면목 (낯 面 + 눈 目)
남을 대하기에 떳떳한 마음이나 처지.

'면목'은 본래 '사람이나 사물의 겉모습'이나 '얼굴의 생김새'를 말해요. 중국 초나라 항우는 한나라 유방에게 쫓겨 강 앞에 이르렀어요. 신하가 강을 건너라고 했지만, 유방은 "혼자만 살아남으면 이미 목숨을 잃은 수천 군사들의 가족을 무슨 면목으로 보겠는가." 하면서 강을 건너지 않고 최후를 맞이했어요. 이때부터 난처한 상황에 부딪히면 "면목이 없다."라고 하며 '남을 대할 만한 체면'의 의미로 쓰이게 되었어요.

"약속을 지키지 못해 친구들을 볼 면목이 없어."

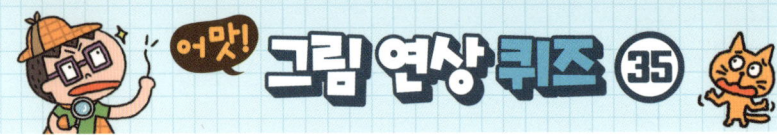

야단 □ □

(이끌 惹 + 바를 端)

시끄럽고 떠들썩한 상태.

　'야단법석'은 본래 불교에서 '부처님이 사람들에게 설법을 베풀기 위해 밖에 마련한 자리'를 말했어요. 훌륭한 말씀을 듣기 위해 사람들이 구름처럼 몰려드니, 주변이 시끄럽고 어수선할 수밖에 없었지요. 이후로 '떠들썩하고 부산스러운 상황'을 가리켜 '야단법석'이라 하게 되었어요.

  "다식이는 사소한 일에도 **야단법석**을 잘 떨어."

 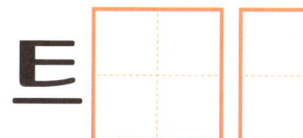  

트◻◻마

정신에 지속적인 영향을 주는 강력한 충격.

'트라우마(trauma)'는 고대 그리스어로 '몸에 생긴 상처'란 뜻을 가진 '트라우마트(traumat)'에서 유래되었어요. 몸에 난 상처로 인해 고통을 겪다가 결국엔 마음이 괴로워지고, 끊임없이 정신적으로 영향을 받게 되는 것이지요. 어린 시절에 겪은 학대나 폭력, 전쟁 경험 등이 모두 트라우마에 해당해요.

"할아버지는 교통사고 트라우마로 돌아가실 때까지 운전을 못 하셨어."

번아웃이 온 이유

 이런 뜻이 있어요

매너리즘 (mannerism)
일을 같은 방식이나 태도로 반복하여 더는 새롭지 않고 지루한 상태.

비슷한 표현 ▶ 타성(惰性)

'매너리즘'은 '작품을 만드는 솜씨나 양식'을 뜻하는 이탈리아어 '마니에라(maniera)'에서 유래되었어요. 16세기 중반 유럽에서 르네상스와 바로크 시대의 중간에 나타난 양식을 가리키는 말인데, 오늘날은 '의지가 없고 무기력한 상태'를 나타내게 되었어요. '오랫동안 변화를 꾀하지 않아 게을러져 굳어진 습성'을 뜻하는 '타성'과 통해요.

 "글이 전과 비슷한 걸 보니, 작가가 **매너리즘**에 빠졌군."

번아웃 신드롬 (Burnout syndrome)
일에 몰두하다가 극도의 스트레스로 힘이 빠져서 무기력해지는 증상.

비슷한 표현 ▶ 번아웃 증후군

'번아웃 신드롬'은 미국의 정신분석가 프로이덴버거가 만든 심리학 용어로, '불타서 사라지다'를 뜻하는 '번아웃(burn out)'에서 유래됐어요. 일이나 공부에 몰두하다가 어느 순간, 몸과 마음에 피로를 느끼면서 열정과 성취감을 잃어버리는 거예요. 이 증세가 심해지면 무기력감과 우울증이 생기기도 해요.

 "요즘 직장인들의 **번아웃 신드롬**이 심각하대."

 이런 뜻이 있어요

나르시시즘 (narcissism)
자기 자신을 사랑하거나 훌륭하다고 여기는 일.

'나르시시즘'은 자기 자신을 몹시 사랑해서 다른 사람을 배려하거나 신경 쓰지 못하는 일을 말해요. 그리스 신화에 등장하는 미소년 '나르키소스'에서 유래됐어요. 나르키소스는 호수에 비친 자신의 모습을 보고 사랑에 빠진 나머지 먹는 것도 잊고 굶어 죽었어요. 그리고 그 자리에 수선화가 한 송이 피어났지요. 이후 '자신을 지나치게 사랑하는 사람'을 두고 '나르시시즘'에 빠졌다고 하고, 그런 사람을 '나르시시스트'라고 불러요.

 "그 애는 자신을 제일 사랑하는 나르시시즘에 빠졌어."

징크스 (jinx)
으레 그렇게 될 수밖에 없는 것으로 생각되는 불운한 일.

'징크스'는 본래 '재수 없는 일. 또는 불길한 징조의 사람이나 물건'을 말해요. 고대 그리스에서 주술에 이용하던 새인 '개미잡이(junx)'에서 유래되었다는 설이 있어요. 딱따구리를 닮은 이 새는 주변을 경계할 때 목을 길게 비트는 습성이 있었는데, 그 모습을 보고 사람들이 불운하게 여겼다고 해요. 여러분만의 징크스에는 어떤 것이 있나요?

 "시험 날 머리를 감으면 시험을 망치는 징크스가 있다."

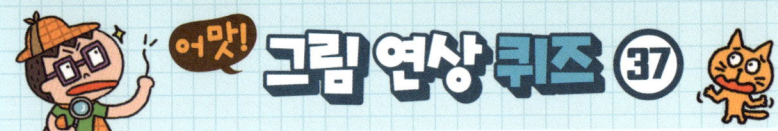

삼□경

(석 三 + 어두울 昧 + 지경 境)

어떤 한 가지 일에만 집중하여 몰두한 상태.

'삼매'는 산스크리트어 '사마디(samadhi)'를 한자어로 옮겨 온 말로, 불교에서 '잡념을 버리고 오로지 한 가지 생각에 집중하는 것'을 말해요. '삼매경'은 그러한 깊은 경지를 이르는 말이랍니다. 오늘날은 어느 '한 가지에 푹 빠지다'의 뜻으로, '독서삼매경', '드라마 삼매경' 등으로 표현해요.

 "요즘 맵고 자극적인 마라탕 삼매경에 빠졌어."

□셋 □후군

컴퓨터 작동이 안 될 때 재시동하는 것처럼 현실도 다시 시작될 거로 생각하는 현상.

컴퓨터나 휴대폰에 문제가 생기면 리셋 버튼을 눌러서 다시 작동시키곤 해요. 이처럼 현실에서도 문제가 생기면 리셋할 수 있다고 착각하는 증상이 '리셋 증후군(Reset syndrome)'이에요. 1990년대 일본에서 생겨난 말로, 현실과 가상 세계를 구분하지 못한 채 현실의 어려움을 피하려는 마음이 반영된 거예요.

  "맘에 안 들면 꺼 버리는 행동이 리셋 증후군이지."

 이런 뜻이 있어요

악어의 눈물 (Crocodile tears)
거짓 눈물을 비유적으로 이르는 말.

이집트에서는 나일강의 악어가 사람을 잡아먹으면서 눈물을 흘린다는 전설이 있어요. 잡아먹힌 사람이 불쌍해 운다는 것이지요. 사실 악어는 먹이를 삼키기 좋게 입안에 수분을 보충하려고 눈물을 흘리는 거예요. 영국의 소설가 셰익스피어는 자신의 소설에서 '위선 가득한 거짓 눈물'이란 의미로 '악어의 눈물'이란 표현을 썼어요.

 "눈물을 쥐어짜는 것 같은데, 너 그거 **악어의 눈물**이지?"

기우 (소태나무 杞 + 근심 憂)
앞일에 대한 쓸데없는 걱정.

비슷한 표현 기인지우(杞人之憂), 군걱정

'기우'는 '기나라 사람의 근심'이란 뜻의 '기인지우(杞人之憂)'를 줄인 말이에요. 옛날 중국 기나라에 살던 한 사람이 "만약 하늘이 무너지면 어디로 피해야 한단 말인가." 하면서 날마다 걱정한 데서 유래했어요. '안 해도 될 근심'을 나타내지요. 비슷한 말에 '군걱정'이 있어요.

 "운동회에 비가 올 거라는 건 **기우**에 지나지 않아."

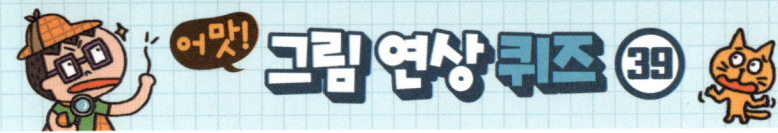

카타르☐☐

비극을 봄으로써 마음에 쌓여 있던 우울함, 불안감, 슬픔 등이 사라지고 마음이 깨끗해지는 일.

'카타르시스(catharsis)'는 '청정', '정화'를 뜻하는 고대 그리스어에서 유래됐어요. 고대 그리스의 철학자 아리스토텔레스가 《시학》이란 책에서 "사람은 슬프고 애달픈 비극을 통해 감정을 카타르시스한다."라고 표현했지요. 슬픈 영화나 책을 보면서 눈물을 흘리다 보면 마음이 후련해질 때가 있어요. 카타르시스를 느낀 거랍니다.

  "슬픈 영화를 보고 눈물을 흘리면서 카타르시스를 느꼈어."

재미있는 사다리 타기

마음의 맛

※ 사다리를 타고 내려가 어울리는 표현의 번호를 찾아 쓰세요.

도가니

추파

넉살

정답 ② ③ ①

① 여러 사람의 감정이 몹시 흥분되고 긴장된 상태.
'쇠붙이를 녹이는 그릇'에서 유래했어요.
맛! 코로나19는 한동안 사람들을 공포의 도가니에 몰아넣었어.

② 이성의 관심을 끌기 위해 은근히 보내는 눈길.
'가을 물결이 잔잔하고 아름답다'란 이백의 시에서 나온 말.
맛! 저 애가 나한테 추파를 던졌어.

③ 쑥스러움이 없이 비위 좋게 구는 행동. 또는 그런 성격.
'4개의 연살로 만든 강화연'에서 유래했다는 설이 있어요.
맛! 처음 보는 사람에게 넉살 좋게 인사했다.

창피를 모르는 사람의 나이는? 넉 살!

어우, 아재 개그. 넉살도 좋아.

솔로몬의 지혜 (The wisdom of Solomon)
솔로몬 왕처럼 현명한 판단을 했을 때 쓰는 말.

이스라엘 3대 왕 솔로몬은 뛰어난 지식과 지혜를 갖춘 인물이었어요. 어느 날, 두 여인이 한 아이를 두고 자기 자식이라고 우기자, 솔로몬 왕은 아이를 반으로 나눠 가지라고 했어요. 한 여인이 눈물을 흘리며 포기하겠다고 하자, 솔로몬 왕은 진짜 엄마라면 자신의 아이를 죽이라고 할 리 없다면서 이 여인의 편을 들어주었어요. 여기에서 나온 말이 '솔로몬의 지혜'이며, '현명한 생각이나 판단'을 의미하게 되었어요.

"나도 현명한 솔로몬의 지혜를 가지고 싶다."

카리스마 (charisma)
많은 사람을 이끌어 따르게 하는 능력이나 절대적인 권위.

'카리스마'는 '신의 은총'이란 뜻을 가진 고대 그리스어에서 유래했어요. 신으로부터 받은 특별한 능력으로, '예언하거나 기적을 일으키는 힘'을 말하지요. 오늘날은 '많은 사람의 마음을 움직여 따르게 하는 자질이나 통솔력'을 나타낼 때 자주 쓰여요.

"그 애는 눈빛만 봐도 카리스마가 철철 넘쳐."

머피의 법칙 (Murphy's law)
하려는 일이 원하는 대로 흘러가지 않고 더 나쁜 방향으로 흘러가는 상황을 이르는 말.

반대되는 표현 ▶ 샐리의 법칙(Sally's law)

바라는 일이 잘 풀리지 않고 우연히 더 나쁘게 전개될 때 '머피의 법칙'이 작용했다는 말을 써요. 1949년, 미국 공군 기지에서 일하던 에드워드 머피 대위가 잘 풀리지 않는 일을 연구하던 끝에 "일하는 여러 방법 중 누군가는 꼭 문제를 일으키는 방법을 쓴다."라고 한 데서 유래했어요. 반대되는 말은 '잘될 가능성이 있는 일은 항상 잘된다'란 의미의 '샐리의 법칙'이에요.

"일이 자꾸 꼬이네. 머피의 법칙인가 봐."

손 없는 날
사람의 일을 해코지하는 귀신이 돌아다니지 않는, 길한 날.

'손 없는 날'에서 '손'은 '날짜에 따라 방향을 달리하여 따라다니며 사람의 일을 방해한다는 귀신'을 말해요. 즉 이러한 손이 없는 날은 사방에서 귀신이 활동하지 않는 '길일'이라서 중요한 행사를 하면 잘 풀린다는 속설이 있어요. 음력 날짜로 '9'와 '0'으로 끝나는 날이며, 이런 날에는 이사, 개업, 수리 등을 한답니다.

"이사는 꼭 손 없는 날에 해야 탈이 없대."

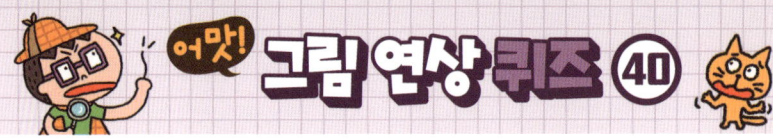

경쟁하는 업체의 경영이나 운영 방식을 꼼꼼하게 분석하여 따라잡는 전략.

'벤치마킹(benchmarking)'은 '기업들이 특정 분야에서 우수한 회사를 선정하여 상품이나 기술, 운영 방식을 배워서 자신의 회사에 응용하는 것'이에요. 토목 공사에서 건축물의 높이를 표시하기 위해 쇠막대를 세워 두는데, 여기에 표시한 기준점인 '벤치마크(benchmark)'에서 유래했어요. '참고되는 대상이나 사례'인 셈이지요.

  "잘나가는 업체를 벤치마킹해야 생산력을 높일 수 있다."

  그림 연상 퀴즈 ❹

에□켓

일상생활에서 지켜야 하는 수준 높은 몸가짐이나 예절.

'에티켓(étiquette)'은 프랑스어로 '붙이다'란 뜻을 가진 '에스티키에(estiquer)'에서 유래했어요. 본래 '나무 말뚝에 붙인 표찰'이란 뜻이었다가, '프랑스 궁중에서 초대한 사람에게 행하는 예법과 절차'를 가리키는 말로 변했지요. 참고로, 비슷한 뜻을 가진 '매너'는 일상생활에서 예절을 지키기 위해 행동하는 '방식'이고, '에티켓'은 예의가 있느냐 없느냐를 말해 주는 '형식'에 가까워요.

  "친구 집에 초대를 받으면 에티켓을 잘 지켜야 해."

엘리트 (élite)
사회에서 뛰어난 능력이 있다고 인정받은 사람.

'엘리트'는 '선택된'이라는 뜻의 라틴어 '엘렉투스(electus)'에서 유래한 프랑스어예요. 본래 이 말은 '고급 상품'을 의미했어요. 그러다가 '귀족 집단'이나 '지배층'을 의미하는 말로 바뀌었고, 지금은 '사회적으로 우월한 집단에 속한 뛰어난 능력과 자질을 갖춘 사람'을 뜻해요.

"할아버지는 엘리트 의식에 사로잡혀서 항상 당신이 최고라고 생각하셔."

레드 카펫 (Red carpet)
손님을 위해 최고로 환대한다는 의미로 깔아 놓는 붉은 천.

영화제나 시상식에서 배우들이 붉은 융단 위를 걸어가는 장면을 봤을 거예요. 이를 '레드 카펫'이라고 하는데, 트로이 전쟁에서 승리하고 돌아온 그리스의 총사령관 아가멤논 장군을 위해 부인이 집 앞에 깔아 놓은 붉은 천에서 비롯되었어요. '환영'과 '존경'의 뜻을 담은 것으로, 중요한 행사나 시상식 등에서 쓰이지요.

"나는 이다음에 꼭 레드 카펫을 밟을 거야."

이런 뜻이 있어요

방점 (곁 傍 + 점찍을 點)
글을 읽는 사람의 주의를 끌기 위해 글자 옆이나 위에 찍는 점.

'방점'은 15세기에 창제된 '훈민정음에서 각 음의 높낮이를 구분하기 위해 찍던 점'이에요. 또 조선 후기 과거 시험에서 채점관이 좋은 표현이라고 생각되는 글자에 점을 찍어서 나중에 그 개수를 센 데서 유래했다는 이야기도 있어요. 이 말이 확대되어 '방점을 찍다'라고 하면, '어떤 분야에 흔적을 남길 새로운 일을 했다'는 의미예요.

"이 드라마는 이별에 방점을 찍은 작품이야."

퇴고 (밀 推 + 두드릴 敲)
글을 쓸 때 여러 번 고치고 다듬는 일.

당나라의 시인 가도가 시를 짓다가, "스님이 달 아래 문을 두드리네."가 나을지, "문을 미네."가 나을지 고민했어요. 자초지종을 들은 당대 최고의 시인이었던 한유는 '두드리네'가 나을 것 같다는 의견을 주었어요. 이를 바탕으로 '밀다'를 뜻하는 한자 '퇴'와 '두드리다'를 뜻하는 '고'가 합쳐져 '퇴고'란 말이 생겨났고, '문학 작품을 가다듬는 일'을 뜻하게 되었어요.

"글은 쓰는 것보다 퇴고하는 과정이 더 힘든 것 같아."

미네르바의 ☐☐☐

지혜의 상징인 '부엉이'를 빗대어, 진리는 모든 일이 끝난 뒤에야 얻을 수 있다는 의미를 표현한 말.

'미네르바'는 로마 신화에 나오는 '지혜의 여신'이에요. 부엉이를 아끼며 데리고 다녔는데, 부엉이 또한 '지혜의 상징'으로 여겨졌어요. 독일의 철학자 헤겔은 철학은 미래를 예측하는 게 아니라 복잡한 변화가 끝난 다음에야 비로소 그 세계를 명확히 이해할 수 있다는 의미로, "미네르바의 부엉이(Owl of Minerva)는 황혼이 저물어서야 그 날개를 편다."라고 언급했어요.

비슷한 표현 미네르바의 올빼미

"내가 너무 느리다고? 미네르바의 부엉이는 황혼 녘에야 날개를 펼치는 법이지."

 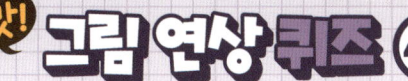  

☐무리

무엇을 잘 정리하거나 보관함.

　'갈무리'는 '가을철에 거둬들인 채소나 곡식을 양식으로 쓰려고 잘 저장하는 것'을 말해요. '저장하다'를 뜻하는 옛말 '갊다'에서 유래했어요. 또 '일을 처리하여 마무리함'이란 의미도 있어요. "일의 갈무리를 부탁해."처럼 쓸 수 있지요. '컴퓨터 통신상에서 필요한 자료를 파일 형태로 저장하는 작업'도 '갈무리'라고 해요.

  "다람쥐가 겨우내 먹을 먹이를 갈무리해 놓았어."

 이런 **뜻**이 있어요

승부수 (이길 勝 + 짐질 負 + 손 手)
게임이나 바둑에서 승패를 좌우하는 결정.

'승부수'는 본래 바둑에서 유래한 용어예요. 이 말이 좀 더 확대되어 '불리한 상황을 뒤집기 위한 마지막 시도'를 가리키기도 해요. 스포츠 경기에서 우승을 위한 과감한 선택을 했을 때 "승부수를 던졌다."라고 해요.

"송이가 던진 과감한 승부수가 역전승으로 이어졌다."

초읽기 (초 秒)
어떤 일이 막 시작되려고 하여 시간의 여유가 없는 상태를 비유적으로 이르는 말.

비슷한 표현 ▶ 카운트다운(countdown)

'초읽기'는 '바둑에서 기록을 맡은 사람이 돌을 둘 순서가 된 기사에게 남은 시간을 초 단위로 알려 주는 것'을 말해요. 여러 가지 경우의 수를 생각해야 하는 바둑에서 '초읽기'가 시작된다는 건 무척 '긴박한 순간'이라는 뜻이에요. 비슷한 말에는 '로켓 등을 발사할 때 발사 순간을 0으로 하고 초를 거꾸로 세어 가는 일'인 '카운트다운'이 있어요.

"회사에서 개발한 상품이 출시 초읽기에 들어갔다."

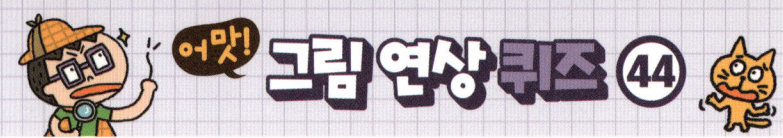

알 □ 바 □

범죄가 일어난 때에 용의자가 범죄 현장이 아닌 다른 곳에 있었다는 증명.

'알리바이(alibi)'는 범죄 영화나 추리 소설에 자주 등장하는 말이에요. 라틴어로 '다른' 이란 뜻의 '알리우스(alius)'와 '거기에'란 뜻의 '이비(ibi)'가 합쳐진 말이랍니다. 어떤 범죄 현장에 용의자로 지목된 사람이 그곳에 없었다는 사실을 증명하는 거예요. 그래야 무죄를 받을 수 있어요.

비슷한 표현 ▶ 현장 부재 증명(現場不在證明)

"범인으로 지목된 사람에겐 완벽한 알리바이가 있었어."

재미있는 사다리 타기

※ 사다리를 타고 내려가 어울리는 표현의 번호를 찾아 쓰세요.

포석   야호   넉살

정답 ② ③ ①

① 바둑에서 나중에 유리하도록 초반에 바둑돌을 늘어놓는 일. 앞날을 위해 미리 준비함.
   맞! 선거 승리를 위한 포석을 깔아 두었다.

② 산 정상에 오른 사람이 외치는 소리. 독일에서 산악인들이 조난 신호로 외치던 '요후(johoo)'에서 유래했어요.
   맞! 요즘은 동물들이 놀랄까 봐 산에서 야호를 잘 안 외쳐.

③ 본래 '바람에 나무가 쓰러진다'는 뜻. 어떤 사상이나 현상이 사회에 널리 퍼지는 것.
   맞! 비틀스는 한 시대를 풍미했던 영국의 유명 밴드야.

판도라의 상자 (Pandora's box)
제우스가 온갖 재앙을 넣어 봉인한 채 판도라에게 시켜 인간 세상으로 보낸 상자.

그리스 신화에 등장하는 최고의 신 제우스는 인간 세상으로 내려가는 판도라에게 상자를 하나 주면서 절대 열어 보지 말라고 했어요. 호기심을 못 참은 판도라는 상자를 열었고, 안에 있던 온갖 불행과 재앙이 쏟아져 나왔어요. 판도라가 급히 닫아서 상자에는 아직 '희망'만이 남아 있다고 해요. 이 말은 '모든 재앙의 근원'이나 '알면 위험해지는 비밀' 등을 표현할 때 써요.

"세상에, 네가 <u>판도라의 상자</u>를 열어 버렸구나."

유머 (humor)
남을 웃기는 익살스러운 행동이나 말.

'유머'는 라틴어로 '체액' 또는 '습기'의 뜻을 가진 'umor'에서 비롯된 말이에요. 기원전 5세기경 유럽의 의학자들은 우리 몸에 흐르는 4가지 체액에 따라서 사람의 기질과 기분이 결정된다고 봤어요. 이처럼 중요한 역할을 하는 체액이 점차 '웃음을 유발하는 우스갯말이나 행복'을 뜻하게 되었어요.

"넌 나와 개그 코드와 <u>유머</u> 감각이 맞는 것 같아."

유토피아일까?

음식을 가져왔습니다. 맛있게 드세요.

우아, 이 가게도 로봇이 서빙을 하네.

로봇을 보는 게 흔한 일이 됐어.

흠, 난 궁금해. 인공 지능과 로봇이 발달한 사회는 **유토피아**일까, **디스토피아**일까?

인간을 위해 발전하는 거니까 **유토피아** 아닐까?

만약 인간이 인공 지능에 너무 의지하게 된다면?

아이고, 음식 다 식는다. 우리 일단 먹고 생각하자.

그래~!

유토피아 (Utopia)
인간이 생각할 수 있는 범위 안에서 가장 완전하다고 여겨지는 사회.

비슷한 표현 ▶ 이상향(理想鄉)

'유토피아'는 16세기 초에 영국의 사상가 토머스 모어가 지은 소설 《유토피아》에서 나오는 가상의 이상 세계를 나타내는 말이에요. 고대 그리스어로 '없는'을 뜻하는 '우(ou)'와 '장소'를 뜻하는 '토포스(topos)'가 합쳐진 말로, '없는 곳'을 의미해요. 즉 유토피아는 '현실 어디에도 없는 낙원'을 가리키는 말이랍니다. 비슷한 말에 '이상향'이 있어요.

"이렇게 평화롭고 따뜻한 곳이 유토피아가 아닐까?"

디스토피아 (dystopia)
현대 사회의 부정적인 측면이 강조된 어두운 미래상.

비슷한 표현 ▶ 역유토피아(逆Utopia)

'디스토피아'는 유토피아와 반대되는 사회예요. 고대 그리스어로 '나쁜'을 뜻하는 '디스(dys)'와 '장소'를 뜻하는 '토포스(topos)'가 합쳐진 말로, '나쁜 곳', 즉 부정적인 암흑세계를 의미하지요. 또한 '현대와 미래 사회를 암담한 모습으로 그려 내고 날카롭게 비판한 문학 작품 자체'를 가리키기도 해요.

"인공 지능이 인간을 지배하는 디스토피아가 올 것인가?"

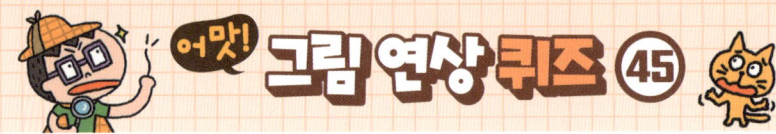

등☐☐문

(오를 登 + 용 龍 + 문 門)

출세를 위해 통과하는 어려운 관문을 이르는 말.

'등용문'은 '용문에 오르다'의 뜻이에요. 중국 황하 상류에는 '용문'이라는 협곡이 있어요. 물살이 거세서 아무리 힘센 물고기라도 오르기가 쉽지 않았어요. 이곳을 통과한 잉어가 용이 된다는 전설이 있어 '등용문'이라 불리었고, '어려운 과거 시험이나 과정을 통과하여 출세하는 것'을 의미하게 되었어요.

"오디션은 스타 연예인이 되는 등용문이다."

노◯지

많은 이익이 한꺼번에 생기는 일을 비유적으로 이르는 말.

 '노다지'는 본래 '광물이 많이 묻혀 있는 광맥'을 말해요. 대한 제국 시절, 우리나라에서 금광 채굴권을 따낸 미국인이 금광을 건드리지 말라는 의미로 "노 터치(No, touch)!"라고 한 데서 유래되었다는 설이 있지만 명확하지 않아요. 지금은 광맥의 의미보다는 '이익이 많이 나오는 곳이나 물건'을 가리키는 말로 더 자주 쓰여요.

"삼촌이 외식 사업으로 노다지를 꿈꾸고 있어."

영이의 좌우명

좌우명 (앉을 座 + 오른쪽 右 + 새길 銘)
자신의 삶을 이끌어 가는 격언.

'좌우명'은 '오른쪽 자리에 새겨 둔다'의 뜻으로, '늘 곁에 두고 마음을 바로잡게 하는 문구'를 말해요. 중국 후한의 유학자 최원은 스스로 지켜야 할 다짐을 칼로 새겨 자신의 오른쪽 책상에 놓고 평생 되새겼다고 해요. 여기에서 '좌우명'이란 말이 유래했다는 게 정설이에요.

"책상 앞에 '최선을 다하자'란 좌우명을 써 붙여 놓았어."

파랑새 (bluebird)
행복을 상징하는 말.

'파랑새'는 벨기에의 극작가 모리스 마테를링크가 지은 《파랑새》란 동화에서 유래한 말이에요. 주인공 남매가 파랑새를 찾아서 헤매는 꿈을 꾸다가 깼는데, 알고 보니 파랑새는 자기들이 키우던 새장에 있었어요. "행복은 멀리 있는 게 아니라 가까운 데 있다."라는 사실을 알려 주는 이야기예요. 참고로, '현실을 외면하고 막연하게 미래의 행복을 좇는 심리'를 두고 '파랑새 증후군'이라고 해요.

"오오, 나의 파랑새는 도대체 어디에 있을까?"

이런 뜻이 있어요

노익장 (늙을 老 + 더할 益 + 씩씩한 壯)
늙었지만 의욕이나 힘이 점점 좋아짐. 또는 그런 상태.

이 말은 62세의 나이로 전쟁에 나간 중국의 한 대장부가 "대장부가 뜻을 품었으면 어려울수록 굳세어야 하고, 늙을수록 씩씩해져야 한다."라고 한 말에서 유래했어요. 나이가 많음에도 패기가 넘치는 사람을 보고 쓰는 말이에요.

"할아버지는 70세에도 마라톤에 참가하는 **노익장**을 과시했어."

고취 (북 鼓 + 불 吹)
생각이나 의욕 등이 강해지도록 북돋움.

비슷한 표현 고무(鼓舞)

'고취'는 본래 '북을 치고 피리를 부는 것'을 뜻해요. 북을 치고 피리를 불면 긴장하거나 떨고 있던 사람도 덩달아 힘이 날 수밖에 없어요. 그래서 '격려하여 용기를 불어넣어 주는 것'을 의미하기도 해요. 비슷한 말인 '고무'는 '북을 치고 춤을 춤'을 뜻하며, 이 또한 '힘을 내도록 격려하여 용기를 북돋아 줌'을 말해요.

"커다란 함성이 선수들의 사기를 **고취**시켰다."

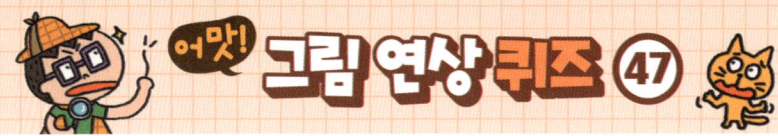

유☐콘

이마에 뿔이 한 개 달려 있고, 말처럼 생긴 상상 속 동물.

'유니콘(unicorn)'은 인도와 유럽의 전설에 나오는 환상의 동물이에요. 크기는 말이나 당나귀와 비슷하고, 이마에 뿔이 하나 달려 있어요. '유니콘'은 신기한 능력을 지닌 신비의 동물로 알려졌는데, 이 때문에 오늘날 1조 원 이상의 가치를 지닌 10년 이하 신생 기업을 가리켜 '유니콘 기업'이라고 불러요.

 "꿈에 하얀 유니콘을 타고 하늘을 달렸어."

어맛! 그림 연상 퀴즈 ⑲

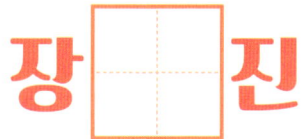

(길 長 + 뱀 蛇 + 진칠 陣)

많은 사람이 줄을 지어 길게 늘어선 모양.

'장사진'은 많은 사람이 줄을 길게 서 있는 걸 표현한 말이에요. 이 말은 고대 중국의 전쟁터에서 사용된 전법에서 비롯되었어요. 《삼국지》에 등장하는 오나라의 주유가 창시한 것으로, 군사들을 길게 늘어서게 하여 마치 뱀처럼 기어가듯 공격하는 것이랍니다.

"국수 가게는 항상 손님들이 장사진을 치고 있어."

이런 뜻이 있어요

블루 오션 (Blue ocean)
경쟁이 없는 유망한 시장.

반대되는 표현 ▶ 레드 오션(Red ocean)

'푸른 바다'를 뜻하는 '블루 오션'은 경제 분야에서 지금껏 그 어떤 기업이 목표로 삼은 적 없으며, '성장 잠재력이 있는 미개척 시장'을 가리키는 말이에요. 반대되는 개념인 '레드 오션'은 '피를 흘리며 싸우는 경쟁 시장'을 뜻해요. 참고로 '블루 오션'은 국립국어원에서 '대안 시장'으로 순화해 부르기도 해요.

"식용 곤충이 식품계의 블루 오션으로 떠오르고 있어."

청사진 (푸를 靑 + 베낄 寫 + 참 眞)
미래에 대한 희망적인 계획이나 구상을 비유적으로 이르는 말.

비슷한 표현 ▶ 미래상(未來像), 설계도(設計圖)

'청사진'은 본래 '건축이나 기계의 도면을 복사할 때 쓰는 사진'이에요. 원그림을 그린 용지와 감광지를 동시에 복사기에 넣고 전기 광선을 쐬면, 원그림의 선과 문자 등은 흰색으로 나타나고, 바탕은 청색이 되기 때문에 나온 이름이에요. 이 뜻이 더 확대되어 '앞으로 진행하려는 희망찬 계획'을 의미하게 되었어요.

"미래의 청사진을 그리며 꿈을 키워 보자."

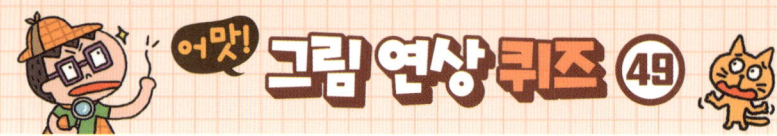

일□백

(하나 一 + 마땅할 當 + 일백 百)

용감하거나 능력 등이 탁월한 사람을 비유적으로 이르는 말.

　'일당백'은 본래 '한 명이 백 명과 싸워 이겨 내다'라는 뜻으로 중국 《후한서》에 나오는 말이에요. 한 사람이 많은 수를 상대하여 이긴다는 건 그만큼 용감하다는 의미이지요. 본래 '군사적인 지략이나 기술이 뛰어남'을 표현하는 말이지만, 요즘은 '다른 사람의 몫까지 잘 해내고 활약하는 능력 있는 사람'을 가리키는 말로 자주 쓰여요.

비슷한 표현 일당십(一當十)

"송이는 우리 팀에서 일당백 역할을 해 주고 있어."

재미있는 사다리 타기

희망의 땅

※ 사다리를 타고 내려가 어울리는 표현의 번호를 찾아 쓰세요.

| 이목 | 굴지 | 연륜 |

정답 ③ ① ②

① 옛 관청에서 임금의 눈과 귀가 되어 일하는 사람을 부르던 말.
'사람들의 주의나 관심'을 가리키는 말.
맞! 나는 화려한 외모로 사람들의 이목을 끌고 있지.

② 많은 것 중에 매우 뛰어남.
숫자를 셀 때 손가락을 꼽게 되는 모습에서 유래한 말.
맞! 국내 굴지의 장난감 회사가 최근 부도났다.

③ 여러 해 동안 쌓은 경험에서 나오는 능숙한 정도.
본래는 '나무의 나이테'를 가리키는 말.
맞! 오랜 회사 생활로 연륜이 쌓였다.

어머, 귀여워.
두냥이 덕분에 이목이 쏠리는군.
인기냥은 피곤하다냥.

미다스의 손 (Midas touch)
손대는 것마다 크게 성공하는 사람을 가리켜 비유적으로 이르는 말.

반대되는 표현 ▶ 마이너스의 손

'미다스'는 그리스 신화에 나오는 소아시아 왕이에요. 풍요의 신인 디오니소스 덕분에 손에 닿는 것마다 황금으로 만드는 힘을 얻었어요. 하지만 딸까지 황금으로 변하게 하여 슬퍼했다고 해요. 오늘날 '돈 버는 재주가 있는 사람'을 가리켜, '미다스의 손'이라고 말해요. 반대되는 말은 '마이너스의 손'이에요. '손대는 물건마다 망가지거나 벌이는 일마다 손해를 보는 사람'을 가리키지요.

"하는 일마다 성공시키다니, **미다스의 손**을 가졌구나."

불가사의 (아닐 不 + 옳을 可 + 생각 思 + 의논할 議)
보통 사람의 생각으로는 알 수 없는 매우 이상한 일이나 물건.

'불가사의'는 본래 불교에서 '말로 표현하거나 마음으로 생각할 수 없는 오묘한 이치'를 가리켜요. 또한 중국이나 우리나라, 일본 등의 한자 문화권에서는 10을 64번 거듭 곱한 수를 가리키기도 해요. '헤아릴 수 없는 엄청나게 큰 수'를 말하는 거예요. 그만큼 '일반 사람으로서는 생각지 못하는 의아한 일'을 의미한답니다.

"UFO는 여전히 **불가사의**한 일이라고 생각해."

높은 엥겔 계수

엥겔 계수 (Engel's coefficient)
한 가정의 생계비 가운데 식료품비가 차지하는 비율.

비슷한 표현 ▶ 엥겔 지수

　1857년, 독일의 통계학자 에른스트 엥겔은 저소득 가계는 생계비 중 음식비 지출 비중이 크고, 고소득 가계는 비중이 작다는 걸 알아냈어요. 이것이 '엥겔 법칙'이고, 음식비가 차지하는 비율을 '엥겔 계수' 또는 '엥겔 지수'라고 해요. '엥겔 계수'를 알면 가계의 소득 수준뿐만 아니라 한 나라의 소득 수준도 가늠할 수 있어요. 저소득 국가일수록 숫자가 높아져요.

"물가가 올라서 우리 집 엥겔 계수도 많이 높아졌어."

인플레이션 (inflation)
여러 가지 상품의 가격이나 물가가 계속적으로 오르는 현상.

　'인플레이션'은 '입김을 불어 넣다'의 뜻을 가진 라틴어 '인플라레(inflare)'에서 유래했어요. 나라 안에서 쓰이고 있는 돈의 양이 늘어나서 화폐 가치가 떨어지고, 물가가 계속 올라가 사람들의 실질적 소득이 줄어드는 거예요. 소비나 투자가 늘어나거나 원자재 가격이 올라서 물건을 만드는 비용이 커지면 물가가 상승하고, 인플레이션이 일어나요.

"내년 상반기에 인플레이션이 진정된다는 전망이 있다."

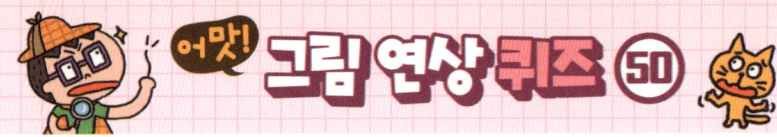

샌드 □□

사람이나 동물 등의 사이에 끼어 꼼짝하지 못하는 상태를 비유적으로 이르는 말.

'샌드위치(sandwich)'는 본래 '두 조각의 빵 사이에 채소와 햄, 치즈 등을 넣어 만든 음식'이에요. 18세기쯤, 도박 중독자였던 영국의 샌드위치 백작이 식사 시간을 아끼기 위해 만들어 먹은 음식에서 유래했다는 설이 있어요. 빵 사이에 재료를 끼워 먹는 특성 때문에 '물건이나 사람 사이에 끼었을 때'를 '샌드위치'라고 하게 되었어요. 참고로, 휴일 사이에 낀 평일을 가리켜 '샌드위치 데이'라고 불러요.

"난 누나와 동생 사이에 낀 샌드위치 신세야."

호 □ 지 □

(오랑캐 胡 + 나비 蝶 + 갈 之 + 꿈 夢)

나비에 관한 꿈이라는 뜻으로, 인생의 덧없음을 이르는 말.

중국의 사상가 장자는 어느 날 꿈속에서 호랑나비가 되어 꽃밭을 날아다니다가 깼어요. 잠에서 깨고 보니, 자기가 꿈에 호랑나비가 되었던 건지 호랑나비가 꿈에 자기가 되었던 건지 분간할 수 없었어요. 여기에서 유래한 말이 바로 '호접지몽'이에요. 나비와 자신이 하나가 된 경지를 느끼는 동시에 인생이 이렇듯 덧없음을 의미하게 되었지요.

"난 가상 현실 세계가 호접지몽처럼 느껴져."

기시감 (이미 旣 + 볼 視 + 느낄 感)
한 번도 경험한 적 없는 상황이나 장면이 언제, 어디에선가 이미 경험한 것처럼 친숙하게 느껴지는 일.

반대되는 표현 ▶ 미시감(未視感)

'기시감'은 처음 겪는 상황임에도 언젠가 와 본 적 있는 장소나 나눠 본 적 있는 대화처럼 '상황이 재현되는 것 같은 환상'을 말해요. '이미 본'이란 뜻의 프랑스어 '데자뷔(Déjà vu)'가 같은 의미로 쓰여요. 이와 반대되는 표현은 '지금 보고 있는 것을 모두 처음 보는 것으로 느끼는 기억의 오류'를 뜻하는 '미시감'이에요.

 "너와 전에 이런 얘기를 나눈 것 같은 기시감이 느껴져."

철부지 (아닌가 不 + 알 知)
흠이나 부족함이 없이 완전함을 이르는 말.

'철부지'의 '철'은 '계절'을 뜻해요. 계절의 변화를 아는 사람은 언제 씨앗을 뿌리고 곡식을 거둬들여야 하는지 알아요. 일을 분별할 줄 알고 지혜가 있다는 뜻이지요. 이 '철의 변화를 모르는 사람'이 바로 '철부지'예요. '무엇이 옳은지 그른지 구분하지 못하는 아이'를 가리켜 부르기도 하고, '어른 중에서 어리석은 사람'을 겨냥해 말하기도 해요.

 "엄마는 나를 언제까지 철부지로만 볼 거예요?"

한 사람의 말이나 생각, 행동 등이 오감의 이용 없이 멀리 있는 다른 사람에게 전달되는 현상.

'텔레파시(telepathy)'는 '두 사람 이상이 서로 시각이나 청각 등을 이용하지 않고 생각과 감정을 주고받는 초능력'이에요. 1882년, 영국 심령연구학회 창시자 중 한 사람인 프레더릭 마이어스가 만든 용어로, 고대 그리스어에서 '먼 거리'를 뜻하는 '텔레(tele)'와 '느낌'을 뜻하는 '파시(pathy)'가 합쳐진 말이에요. 만화나 영화에서 단골 소재로 등장해요.

  "내가 방금 텔레파시로 너한테 치킨 먹자고 보냈어."

재미있는 사다리 타기

※ 사다리를 타고 내려가 어울리는 표현의 번호를 찾아 쓰세요.

백일몽   **전철**   **조장**

정답: ② ③ ①

1. 실현될 수 없는 헛된 생각. '밝은 낮에 꿈을 보다'란 뜻의 '백일견몽(白日見夢)'에서 유래했어요.
   예맛! 백일몽에서 깨어나지 않는 이상 넌 연애 못 할 거야.

2. 이전 사람이 저지른 잘못된 일이나 실패한 일. '전에 지나간 수레바퀴의 자국'에서 유래했어요.
   예맛! 저번과 같은 실패의 전철을 밟지 않기 위해 노력했어.

3. 좋지 않은 일을 더 심해지도록 부추김. '모를 뽑아 자라게 하다'란 뜻의 '발묘조장(拔苗助長)'에서 유래했어요.
   예맛! 우리 모둠을 분열 조장하는 애들은 용서 못 해.

ㄱ

가스라이팅 … 59
가스등 효과 … 59
갈무리 … 151
거덜 … 83
고무 … 167
고취 … 167
공중누각 … 21
관건 … 99
구우일모 … 33
군걱정 … 135
굴지 … 173
금단의 열매 … 15
기네스북 … 101
기시감 … 183
기우 … 135
기울어진 운동장 … 77
기인지우 … 135
깍쟁이 … 35
깜짝출연 … 117
깨진 유리창 법칙 … 76
끝장 승부 … 82

ㄴ

나락 … 73
나르시시즘 … 131
나비 효과 … 13
낙인 효과 … 51
난장판 … 43
낭패 … 75
냉전 … 59
넉살 … 137
노다지 … 163
노익장 … 167

ㄷ

다크호스 … 23
도가니 … 137
도깨비시장 … 24
도떼기시장 … 24
도미노 … 80
도플갱어 … 55
돈키호테형 … 109
등용문 … 162
디스토피아 … 161
딜레마 … 125

ㄹ

라이벌 … 47
레드 오션 … 171
레드 카펫 … 147
리셋 증후군 … 133
리허설 … 113

ㅁ

마녀사냥 … 38
마녀재판 … 38
마스코트 … 119
마이너스의 손 … 177
마인드맵 … 96
마지노선 … 67
망라 … 25
매너리즘 … 129
머피의 법칙 … 143
멘토 … 61
멘티 … 61
면목 … 125
면벌부 … 37
면죄부 … 37
모자이크 … 115
몽타주 … 90
뫼비우스의 띠 … 50

무지개다리 … 63
미궁 … 69
미네르바의 부엉이 … 150
미네르바의 올빼미 … 150
미다스의 손 … 177
미래상 … 171
미로 … 69
미봉책 … 31
미시감 … 183

ㅂ

방점 … 149
배수진 … 39
백일몽 … 185
백일장 … 93
번아웃 신드롬 … 129
번아웃 증후군 … 129
벤치마킹 … 144
변수 … 23
보람 … 93
보이콧 … 67
복병 … 23
부메랑 효과 … 62
분서갱유 … 31
불가사의 … 177
불로장생 … 43
불야성 … 25
불후 … 119
블록버스터 … 117
블루 오션 … 171
블루투스 … 100
빅 브라더 … 97

ㅅ

사시이비 … 41
사이렌 … 69
사이비 … 41
사활 … 83
삼매경 … 132
삼총사 … 57
상아탑 … 89
샌드위치 … 180
샐리의 법칙 … 143
선한 사마리아인 법 … 49
설계도 … 171
세뇌 … 59
세미나 … 91
속임약 효과 … 123
속죄양 … 56
손 없는 날 … 143
솔로몬의 지혜 … 141
수라장 … 71
스티그마 효과 … 51
스파르타 교육 … 29
스팸 … 95
승부수 … 153
시금석 … 89
신기루 … 21
신데렐라 콤플렉스 … 53
실루엣 … 107

ㅇ

아마추어 … 113
아모르파티 … 99
아바타 … 108
아수라장 … 71
아이콘 … 105

아카데미 … 87
아킬레스건 … 75
악어의 눈물 … 135
알고리듬 … 87
알고리즘 … 87
알리바이 … 154
압권 … 111
야누스 … 49
야단법석 … 126
야호 … 155
양날의 검 … 81
양날의 칼 … 81
양웅상쟁 … 47
에티켓 … 145
에필로그 … 114
엘리트 … 147
엠비티아이(MBTI) … 60
엥겔 계수 … 179
엥겔 지수 … 179
역린 … 37
역유토피아 … 161
연륜 … 173
연리지 … 55
예행연습 … 113
오라 … 19
오리무중 … 69
오비이락 … 43
오아시스 … 20
완벽 … 23
용호상박 … 47
유니콘 … 168
유레카 … 11
유머 … 159
유토피아 … 161
이목 … 173
이상향 … 161
이판사판 … 73
인플레이션 … 179
일당백 … 172
일당십 … 172
일장일단 … 81

자충수 … 83
잡동사니 … 101
장사진 … 169
전문가 … 113
전철 … 185
제로섬 게임 … 63
조장 … 185
좌우명 … 165
주마등 … 79
진퇴양난 … 125
징크스 … 131

착한 사마리아인 법 … 49
찻잔 속의 태풍 … 17
창해일속 … 33
천리안 … 19
천의무봉 … 107
철부지 … 183
청사진 … 171
초읽기 … 153
추파 … 137
출사표 … 29
치킨 게임 … 82

카리스마 … 141
카메오 … 117
카오스 … 13
카운트다운 … 153
카타르시스 … 136
콜럼버스의 달걀 … 11

타성 … 129
태풍안 … 17
태풍의 눈 … 17
터줏대감 … 35
텔레파시 … 184
퇴고 … 149
트라우마 … 127
트로이 목마 … 42
티엠아이(TMI) … 101

파경 … 53
파급 … 80
파랑새 … 165
판도라의 상자 … 159
패닉 상태 … 70
패러다임 … 95

패러디 … 111
포석 … 155
표리부동 … 63
풍미 … 155
프로메테우스의 불 … 14
프로페셔널 … 113
프롤로그 … 114
플라세보 효과 … 123
피그말리온 효과 … 123
피날레 … 119
피터 팬 신드롬 … 105
피터 팬 증후군 … 105

하모니 … 118
하인리히 법칙 … 79
한림원 … 87
함흥차사 … 32
햄릿형 … 109
현장 부재 증명 … 154
호접지몽 … 181
화수분 … 25
흔전만전 … 41
흥청망청 … 41
희생양 … 56

말맛이 살고 글맛이 좋아지는
어맛! 신화·역사 어휘 맛집

1판 1쇄 발행 2024년 1월 25일
1판 2쇄 발행 2024년 8월 30일

글   홍옥
그   림   신동민

펴 낸 이   김유열
디지털학교교육본부장   유규오
출판국장   이상호
교재기획부장 박혜숙 | 교재기획부 장효순

책임편집   홍옥
디 자 인   김수인
인   쇄   애드그린인쇄

펴 낸 곳   한국교육방송공사(EBS)
출판신고   2001년 1월 8일 제2017-000193호
주   소   경기도 고양시 일산동구 한류월드로 281
대표전화   1588-1580
이 메 일   ebsbooks@ebs.co.kr
홈페이지   www.ebs.co.kr

I S B N   978-89-547-8153-4 74700
              978-89-547-5398-2 (세트)

ⓒ 2024, EBS·홍옥·신동민

이 책은 저작권법에 따라 보호받는 저작물이므로 무단 전재 및 무단 복제를 금합니다.
파본은 구입처에서 교환해 드리며, 관련 법령에 따라 환불해 드립니다. 제품 훼손 시 환불이 불가능합니다.